U0876427

普通高等教育“十二五”规划教材

# 会计基础

主　编　吕静静
副主编　丁丽华　吴黎旦　李学军

中国水利水电出版社
www.waterpub.com.cn

## 内 容 提 要

本书总结了目前会计教学及教材编写的经验，力求用通俗易懂的语言讲授会计知识，不再深究晦涩的会计细节和核算过程，目的就是为非会计专业人士指明学习会计的一条捷径。

本书首先帮助读者理解业务活动、财务后果与财务报表三者之间的内在联系，在此基础上，从资产负债表、利润表等基本报表知识的介绍出发，到偿债能力、盈利能力等独立财务指标的分析，最后是综合的财务体系分析。

本书可以作为高等学校非会计学专业学生的教学用书，也可供企业经营管理层、金融工作者、普通投资者等阅读参考。

**图书在版编目（CIP）数据**

会计基础 / 吕静静主编. -- 北京 : 中国水利水电出版社, 2011.1
普通高等教育“十二五”规划教材
ISBN 978-7-5084-8387-0

Ⅰ. ①会… Ⅱ. ①吕… Ⅲ. ①会计学－高等学校－教材 Ⅳ. ①F230

中国版本图书馆CIP数据核字(2011)第012979号

| | |
|---|---|
| 书　　名 | 普通高等教育“十二五”规划教材<br>**会计基础** |
| 作　　者 | 主编　吕静静 |
| 出版发行 | 中国水利水电出版社<br>（北京市海淀区玉渊潭南路1号D座　100038）<br>网址：www.waterpub.com.cn<br>E-mail：sales@waterpub.com.cn<br>电话：(010) 68367658（营销中心） |
| 经　　售 | 北京科水图书销售中心（零售）<br>电话：(010) 88383994、63202643<br>全国各地新华书店和相关出版物销售网点 |
| 排　　版 | 中国水利水电出版社微机排版中心 |
| 印　　刷 | 北京市兴怀印刷厂 |
| 规　　格 | 184mm×260mm　16开本　10印张　237千字 |
| 版　　次 | 2011年1月第1版　2011年1月第1次印刷 |
| 印　　数 | 0001—5000册 |
| 定　　价 | **20.00**元 |

# 前言

近年来，为更好地开展经济管理工作，完善学生的专业知识结构，会计类课程开始作为专业基础课或专业拓展课，在非会计学专业（包括非会计学的管理类和经济类、非会计学的理工类）中开设。但是非会计学专业的学员，往往对“晦涩难懂的会计分录”望而却步，甚至进而畏惧和厌恶会计。会计是通用的商业语言，即便不从事会计工作，依然需要懂得这门语言。编者在多年的教学工作中，深切地感受到这些学员在学习中所面临的困惑。要解决这些困惑，首要的任务是为他们提供一本无需繁琐的会计核算方法的适合的会计教材。

编者认为，应将会计知识的学习和掌握，划分为两种类型：一种是基于编制财务报表的目的学习会计；另一种是基于使用会计信息的目的学习会计。这两种类型，无论是在会计知识学习的侧重点、详略程度，还是在学习途径和方法上，都是有很大区别的。本书就是专为会计信息使用者而写的，力求用最为直观的方式、通俗易懂的语言讲授会计基本知识，不需借助“借”、“贷”概念，无需掌握会计的具体规则，删繁就简，目的就是为非会计专业人士指明学习会计的一条捷径，帮助他们快速理解财务报表，掌握财务分析技巧。

与同类教材相比，本书具有以下几个方面的特点：

(1) 本书的研究成果，是总结了大多数会计教学及编写失败的经验，探索了适合不同教学及阅读对象的教材的体系安排。编者认为，大多数会计教学及编写之所以失败，是因为过分地强调了细节而无法为所学者展示出会计知识之间相互联系和作用的一个整体的框架结构。

尽管，市面上也有不少专为非会计学专业的学生编写的会计学教材，但其体系非常庞大，内容繁杂。从结构安排和章节内容看，往往包括会计学的基本原理、制造企业的财务会计核算、管理会计，甚至成本会计等。这些作者的初衷可能是想把会计学主要分支融为一体，试图完整地介绍主要的会计知识，但是否真的转化为一个有机的整体，这有待做进一步的验证。但至少，此种教材字数太多（尽管很多作者尽量压缩字数，但这么多的分支要“塞”

进去，一定的字数是必需的)，内容太“全”，会计专业词汇“一个也不少”，以致想让非会计专业的学生在短短的一学期，要把会计学专业学生需花费几个学期才能学完的几门核心课程的知识都掌握好，这似乎不符合学习规律，并且也“不现实”。另外，在内容上添加了“管理会计”部分，表面上强调了利用会计信息进行企业经营决策和控制，但由于其主要内容仍是财务会计核算部分，因此从会计知识的掌握来看，还是侧重“财务报表编制”，没有真正领会“使用者对会计信息的需求”。

(2) 对财务报表的分析。本书跳出常规的“就会计论会计”的桎梏，展示财务报表分析的新思维，构造财务报表分析的基本框架，即从业务活动透视财务报表，从财务报表回归业务活动。这一做法，有助于读者将报表分析与最终的决策相联系，便于以后决策的改进。而通常的财务报表分析教材，存在着较大的误区:“简单地从一开始就进入报表的阅读与分析”即“就报表论报表”，只有数字的游戏，而忽略了数字背后的经济含义和业务活动。

(3) 从资金流量的角度，通俗易懂地给资产、负债、所有者权益、收入、费用、利润会计要素和具体的报表项目下定义和究其本质，大大地降低非会计人员掌握财务报表分析的门槛。

(4) 注册会计师审计、内部控制与会计信息之间有着天然的联系。注册会计师审计可以提高会计信息的可信度，内部控制可以保证会计信息的可靠性，审计报告和内部控制评价报告也都是会计信息使用者作出决策的重要来源。因此本书专设一章，来阐述独立审计与会计信息、内部控制与会计信息之间的联系。这点在同类会计教材中是不多见的。

(5) 在每章开篇前引入一个案例，把各章待解决的问题先抛出来，读者可以带着问题学习；正文中根据需要适当穿插实例讨论和相关链接；每章结束后还有案例练习供读者思考和分析。这些案例和链接，都是读者“有所闻”的，可增强读者学习的兴趣。

(6) 体例新颖。各章由“学习目标”、“案例引入”、“正文”(穿插实例、相关链接、记住、提示、思考等众多栏目)、“本章小结”、“关键词”、“课堂讨论题”、“案例练习”构成。

本书的逻辑联系如下：

(1) 财务报表是对业务活动的财务后果的反映，因此本书将业务活动、业务活动的财务后果与财务报表三者联系起来，帮助读者建立这三者之间的内在联系(业务活动导致财务后果，财务报表反映这些财务后果)。

(2) 在此基础上，从基本报表知识的介绍出发，到独立的财务指标分析，再到综合的财务体系分析。具体来讲，对资产负债表、利润表、现金流量表、所有者权益变动表四张财务报表的结构、项目的质量和趋势进行详细的解读，然后在解读的基础上进行相关的偿债能力、营运能力、盈利能力等财务能力分析，但由于这些财务能力的分析只涉及单项的财务指标，因此，本书最后将各单项的、独立的财务指标纳入一个有机的整体中进行综合的财务分析。

本书由浙江广播电视大学吕静静副教授担任主编，提出编写大纲，吕静静和丁丽华对全书进行了修改、补充和统纂。各章撰写分工如下：浙江广播电视大学吕静静编写第一、二、三章；杭州广播电视大学董建刚编写第四章；萧山广播电视大学朱葵阳编写第五章；浙江广播电视大学丁丽华编写第六章；金华广播电视大学吴黎旦编写第七、八章；浙江广播电视大学李学军编写第九章。

在本书的编写过程中，得到了浙江广播电视大学经济管理学院院长葛正鹏教授、副院长康萍副教授等的大力支持和帮助，他们对本书内容提出了许多建设性的意见；经济管理学院曹利菊老师对本书格式的编排作了大量的辅助工作，她无私的工作热情始终都感染着大家；本书还要特别感谢开元书局的甘丹红编辑，正是甘编辑的“耳提面命”，促成了本次教材的编写；还有中国水利水电出版社的隋彩虹编辑，在本书的出版过程中提出了诸多宝贵建议，花费了大量的时间与精力。在此，我们一并表示诚挚的谢意。

在本书的写作过程中，我们参考和吸收了国内外同类教材的优点，在此，对这些教材的作者表示敬意和感谢。当然，无论是在内容上，还是在编写思路上，本书所作的都是一次尝试，加之编者的水平有限及时间和精力等原因，书中难免有疏漏之处，欢迎各位读者和同行批评指正。

编者

2010年12月

# 目 录

# 第一章 导 论

**学习目标**

1. 认识会计的两个侧面：会计信息的产生（如何做会计）和会计信息的使用（如何用会计）。
2. 了解会计信息产生的过程——证到账到表。
3. 掌握谁是会计信息的使用者。
4. 掌握各类会计信息使用者关注的会计信息内容。
5. 理解本书的逻辑联系及结构安排。

**案例引入**

张先生近期想进行一些股票的投资，但他没有多少财务知识，只听说选择好的企业是进行投资的前提，这不但可以降低风险，而且还会有不错的收益。张先生认为大一些的企业稳定一些、保险一点，但又听说还要注意企业的资产质量和盈利能力。那么，张先生要了解这些信息，应该通过什么渠道呢？询问熟悉投资的朋友才得知，企业的财务报表可以提供相关的信息。但是，对于不熟悉会计的张先生而言，怎么看懂财务报表又成了一个难题。

会计，对于非会计人员来说，是既熟悉又陌生的。说熟悉，是因为我们参加工作的每个人都与会计打过交道，比如领工资、预借和报销差旅费等。说陌生，则是因为非会计人员，对经济业务的处理、会计数据的变化、财务报表各项目的经济含义，都还是朦朦胧胧，并不十分清楚。那么，会计究竟是做什么的？为什么需要会计？需要会计干什么？对这些问题的回答，将构成第一章的内容，这些也是"门外汉"进入会计专业领域时所要讨论和了解的。

## 第一节 会 计 是 什 么

### 一、会计的两个侧面

每个组织都需要会计。组织大致可以分为两类：营利组织和非营利组织。正如字面意思所表明的，营利组织的主要目标是赚取利润，通常就是指企业。而非营利组织则有管理、提供社会服务、从事教育等其他目标，包括政府机关、医院、学校、社会团体和基金会等。尽管每个组织对会计的具体要求有所不同，但基本上是相似的。因为任何一个组织都要运用劳动力、原材料、各种服务、房屋以及机器设备等各种资源，获得这些资源需要支付成本。为了有效地工作，组织里的人需要知道有关资源数量、资源取得方式、资源取得成本和资源使用结果等各方面的信息，组织外部的各方关系人也需要类似的信息来对组织的活动作出判断。而会计就是提供这些信息的一个系统。在这个系统中，通过对组织的业务活动进行确认、计量、记录、报告这一系列的会计核算工作，将业务活动的信息转化为定量为主的会计信息，以供相关的信息使用者运用。追根溯源，会计的产生正是来自人们对信息的需求。

尽管会计在社会中可以说是无处不在，但为了简化讨论，本书所说的会计都是指企业会计（特别说明除外）。

会计已经成为生产会计信息的信息系统，再通俗地说，会计就是人们常说的记账、算账。因此，会计给人的印象总是枯燥、烦琐，会计知识难以掌握；会计人员身边总是摆放着凭证、账簿、报表、计算器和计算机甚至算盘等会计核算工具，时时与数字、规则打交道，记着记不完的账，会计人员给人的感觉大都也摆脱不了小心谨慎、教条僵化。

尽管很多人很是厌恶会计工作，感到会计知识难以学习，但会计是通用的商业语言，你可能不是会计从业人员，但你依然需要懂得这门语言。在这个“投资”时代，我们每天都在主动或被动地接受财经评论和财务数据，了解会计基本知识，读懂财务报表，甚而具备财务分析的能力，是非常有必要的。这点对于普通投资者来说是这样，对企业经营管理层、银行家、证券客户经纪人等商务人士更是如此。另外，会计信息的生成、财务报表的编制本身并不是会计这一系统最终的目的和步骤，说到底，还要抬高一个台阶、上升一个层次，分析和利用这些会计信息来为决策服务，否则就会计论会计，会计纯粹变成一门技术，并且“会计”这一门技术也失去了存在的意义。因此，我们说，会计不能简单地停留在报表数字上，而是应该分析这些数字后面所隐含的真正含义，有效使用会计信息和充分发挥其作为管理工具的作用，才是会计信息系统的终极目标。

**【实例 1-1】**

王大姐今年 62 岁，退休多年，炒股是她主要的日常活动之一。她选取和买卖股票，就是简单地听各种小道消息，跟风买进，非但没赚到钱，反而成为套牢一族。王大姐可以说是中国散户的一个缩影。在每次股市暴跌后，许多散户都是怪政策调控，怪股评误导，怪运气不好，但就是不怪自己。

作为一个理性的、成熟的投资者，就一定要改变过去那种听消息炒股的做法，克服追涨杀跌、盲目从众的毛病，把主要精力放在对股票投资价值的分析上，选择有投资价值的股票，这其中一个最基本、最重要的途径，便是通过财务报表分析上市公司的财务状况和经营成果。

**【实例 1-2】**

张斌是某公司的高级经营管理人员（非财务主管），钱华是某股份制商业银行的信贷主管。他们的工作都需要跟财务报表打交道，但无奈他们并非会计专业出身，那些晦涩的借贷和会计要素概念、复杂的会计核算过程、技术性和专业性很强的报表分析方法，都让他们感到会计知识难以掌握，经常会产生一种挫败感。

正确理解财务报表，合理利用会计信息，是对商务人士的基本要求。财务报表分析能够帮助商务人士理解这些信息，从而有助于作出科学的决策。

实际上，上面所提及的就是会计的两个侧面：一个是会计信息的产生，即如何做会计；另一个是会计信息的使用，即如何用会计。掌握会计知识，也可以分为这两个方面，是基于编制财务报表的目的学习会计，还是基于使用会计信息的目的学习会计。这两方面，无论是在会计知识学习的侧重点、详略程度方面，还是在学习途径和方法上，都是有很大区别的。本书就是专为会计信息使用者而写的。从会计信息使用者的角度看会计其实是不难的，因为不需烦琐的会计技术方法，无需深究会计细节，无需重视过程，只需知道结果和结果所表达的含义即可。

> **记住**：
> 会计的两个侧面：会计信息的产生（如何做会计）与会计信息的使用（如何用会计）。

## 二、会计信息是如何产生的

要正确使用会计信息，对会计信息产生的大致过程还是有必要了解的。财务会计为了提供会计信息，要通过一系列程序与专门的方法，如设置账户、复式记账、填制凭证、登记账簿、成本计算、财产清查和编制财务报表等，进行确认、计量和报告，完成“会计循环”。简单地说，企业的会计信息生成过程都要经过证、账、表三个环节，即首先是根据经济业务填制或取得原始凭证，再根据审核无误的原始凭证填制记账凭证（在记账凭证上编制会计分录），然后根据审核无误的记账凭证登记账簿，最后根据账簿的余额或发生额编制财务报表。

1. 会计凭证

会计凭证有两种，分别是原始凭证和记账凭证。企业购买商品等所取得的发票或收据，车间领用原材料时填制的领用单、出库单等原始单据，指的就是原始凭证。这些原始单据来自各个方面，其格式不一、大小不等、数量繁多，填制也不统一，无法按照财务报表的要求直接进行归类、汇总。于是，需要对这些原始凭证所记载的经济信息进行分析，按照会计的要求进行归类整理，做好会计分录，记录在一张专门的单据上，这种单据叫做记账凭证。一张填制完整的记账凭证应包括账户（会计科目）名称、记账方向和金额，并且需要将相关的原始凭证附在记账凭证后面，这不仅便于账簿的登记，而且有利于原始凭证的保管、对账和查账，进而提高会计工作的质量。

2. 会计账簿

由于记账凭证的数量很多，又很分散，而且每一张凭证所记录的仅仅是某一笔业务发生的情况，不能提供每一个账户在某一特定时期的变动情况及其变动结果，而这些信息恰恰又是会计信息使用者所必需的。因此，还需把分散在会计凭证上的全部信息，按照会计科目汇总登记到会计账簿中。

会计账簿有总账、明细账之分。总账是对有关经济业务进行汇总核算，如“应收账款”等。明细账是对相应的总账进行详细核算，如“应收账款”总账下，可按欠债人分别进行明细核算。

3. 财务报表

由于会计账簿的汇总核算是通过会计科目进行的，这种分类比较细，如企业的存货项目，在会计科目上就有原材料、包装物、低值易耗品、产成品、在产品、委托加工物资、分期收款发出商品等多类，这对于想了解企业存货情况的信息使用者来说，未免过于繁琐，并且使用意义也不大，所以，就有必要对日常的会计账簿的资料再做一次大类划分，汇总反映企业的情况，这个过程就是编制财务报表。会计作为一个以提供会计信息为主的经济信息系统，主要以财务报表的形式向使用者提供信息，财务报表是会计信息系统的最终产品。

在结账和编制财务报表之前，必须对账，即将凭证与账簿、总账与明细账、账簿与实物资产进行核对，保证账证、账账、账实相符。

## 第二节 会计信息的使用者

“会计信息的使用者”这一问题，包括两个方面的内容：向谁提供会计信息，会计信息使用者需要什么样的会计信息。

“向谁提供会计信息”，实际上指的就是“谁是会计信息的使用者”，具体有投资者、债权人、国家宏观管理部门、职工、社会公众和企业的管理当局等。另外，使用者对会计信息的需求实际上决定了企业应当提供的会计信息的内容，即决定了会计信息使用者需要什么样的会计信息。以下将一一讲解每类会计信息使用者需要会计信息的原因，以及它们分别所关注的会计信息的侧重点。

### 一、投资者

投资者是企业资本的提供者，包括企业现有的投资者和潜在的投资者。只有极少数出资比例高的投资者或持股比例高的股东，会成为公司董事会成员，或成为企业核心管理层的一员，从而成为内部“知情者”。而大部分出资人或股东，因为出资或持股比例很低，无法进入董事会或管理层，不能直接参与企业经营管理。尽管持有公司股票，但他们与市场上其他普通投资者一样，对公司具体运作和决策等一无所知，然而他们的利益又受到公司经营状况的影响，因此这些外部的股东，他们需要相应的会计信息评估管理当局的受托责任履行情况以进行有关的决策。

**【实例 1-3】**

万科企业股份有限公司（股票代码 000002），截至 2010 年 3 月 31 日，股东总人数为 1 539 514户（其中 A 股 1 500 796 户，B 股 38 718 户）。对于万科这一上市公司来说，绝大部分股东都是外部股东，他们对公司的了解，只能借助于公司定期对外发布的包括财务报表在内的各种信息，以及时地改变投资决策，抛出万科公司的股票，还是继续持有或新购入万科公司的股票。

请问：你在作出卖掉某股票的决策时，是基于什么理由？请列举几个。

对于其他的上市公司来说，也是如此，绝大部分股东都是外部股东。

**知识扩展**

“用手投票”是指在股份公司中，投资者以其股权比重，通过公司股东代表大会和董事会，参与公司的重要决策，其中包括选择经理层。反之，投资者还拥有另一种选择权，即选择离开、理都不理你的“用脚投票”——卖掉其持有的公司股票。现在通常用来比喻对某事的失望或抵触，从而选择离开或者放弃。

满足投资者的信息需要是企业财务报告编制的首要出发点，将投资者作为企业财务报告的首要使用者，凸显了投资者的地位，体现了保护投资者利益的要求，是市场经济发展的必然。如果企业在财务报告中提供的会计信息与投资者的决策无关，那么财务报告就失去了其编制的意义。

根据投资者决策有用目标，财务报告所提供的信息应当如实反映企业所拥有或者控制的经济资源、对经济资源的要求权以及经济资源及其要求权的变化情况；如实反映企业的各项收入、费用、利润和损失的金额及其变动情况；如实反映企业各项经营活动、投资活动和筹资活动等所形成的现金流入和现金流出情况等，从而有助于现在的或者潜在的投资者正确，合理地评价企业的资产质量、偿债能力、盈利能力和营运效率等；有助于投资者根据相关会计信息作出理性的投资决策；有助于投资者评估与投资有关的未来现金流量的金额、时间和风险等。

**知识扩展**

在会计理论上，会计目标有“受托责任观”和“决策有用观”两种不同观点。“受托责任观”强调会计目标是以恰当的形式有效地反映资源受托者的受托经营责任及其履行情况。“受托责任观”产生在现代企业所有权与控制权分离的背景下，委托人与代理人总会存在一定的利益冲突，出于这种原因的考虑，委托人会与经理人员达成一定的契约，如受托方有义务及时、完整地向委托方报告其受托资源管理的情况以解脱受托经济责任，委托方通过相关的法规、合约（主要是财务报告）等来激励和约束受托方的行为。在受托责任观下，会计信息更多地强调可靠性，会计计量主要采用历史成本。

## 二、债权人

债权人也是企业资本的提供者。一般而言，债权人可以是银行等金融机构，也可以是持有公司所发行债券的一般公众，还可以是原材料供应商。债权人一般也不直接参与企业的经营管理，因此需要相应的会计信息来评估企业的财务状况以进行有关的决策。

会计信息影响债权人的决策和产权保护。与股东不同，债权人并不能享受企业快速增长所带来的高收益，对于债权人而言，最好的结果就是安全收回贷款本金和利息。但是，债权人承担的风险却很大，一旦企业经营失败，债权人很可能面临不能收回本金的风险。因此，债权人在进行信贷决策的时候，最关心的是关于企业偿债能力的会计信息，如企业是否具有持续经营的能力？资产与负债之间是否保持一个恰当的比率？是否给予贷款？已经发放的贷款是否安全？是否能顺利地返本付息？是否需要追加担保品？

债权人对企业的会计谨慎性（有时也称为稳健性）十分重视。谨慎性意味着企业的净资产将尽可能扣除未来所面临的损失，但不包括未来可能的收益。因此，谨慎性为保护债权人的利益提供了良好的保障。

**知识扩展**

谨慎性要求企业在会计核算中应当保持应有的谨慎，不应高估资产或者收益、低估负债或者费用。其在企业会计实务中最为广泛的应用之一就是对可能发生的资产减值损失计提资产减值。

尽管会计准则制订中往往优先考虑股东对会计信息的需要，而对债权人利益的保障有可能受到影响。但是我国自 2007 年 1 月 1 日起执行的新会计准则，在许多方面体现了对债权人利益的保护。

**相关链接**

**雷曼破产美林被吞 美次贷危机全面升级**

次贷危机引发的金融风暴已经使美国两大顶级投资银行雷曼兄弟和美林从华尔街消失，前者被迫申请破产保护，后者被美国银行收购。

2008 年 9 月 15 日上午，雷曼兄弟提交的破产申请显示负债 6130 亿美元，而其总资产为 6390 亿美元。破产申请还显示其有超过 10 万个债权人，其中最大的是花旗集团和美国银行梅隆公司。2008 年 9 月 14 日晚间，美国银行以约 440 亿美元收购有着 94 年历史的美国第三大投资银行美林证券。根据协议，美国银行将以每股 29 美元的价格，以换股方式收购美林证券，该收购价比美林上周五的收盘价溢价 70%，但仅有美林股价峰值的三成。

在这场金融风暴中，受损最重的是股东和公司员工，其次就是公司的各大债权人。一旦这些公司破产，债权人几乎“颗粒无归”。

## 三、国家宏观管理部门

国家宏观管理部门包括计划、统计、财政、税务等政府有关管理部门。政府管理部门要作出科学、合理的社会经济决策，不仅要求有较为科学的理论，还要求决策制订者充分了解、掌握社会经济活动的运行情况，这其中相当一部分的运行情况可通过会计信息获取。

不仅各类会计信息使用者需要的会计信息的侧重点不同，甚至在每一类会计信息使用者内部对会计信息的需求也存在着差异。尽管总体来说，国家宏观管理部门需要的是有利于对企业进行宏观调控和管理的会计信息，但在各个宏观管理部门中所需要的信息的侧重点是不同的。例如税务部门关注企业对应交税费的核算与交纳情况的信息；财政部门则十分关注企业对国有资产保值、增值的会计信息；统计部门汇总局部或宏观的经济活动信息，确定一定范围内社会经济的发展情况，提出所存在的问题。

**【实例 1－4】**

最近几年，我国特别关注国有大中型企业的发展问题，并为此采取了一系列措施，包括在政策、资金等方面给予支持。政府对国有大中型企业财务状况和经营成果的了解，主要是基于这些企业的财务报表，特别是其中的资产负债表和利润表，前者可以反映国有大中型企业财务状况的好坏，后者能提供国有大中型企业经营成果的信息（如盈利还是亏损等）。

请问：你是否了解我国政府支持国有大中型企业的具体政策及做法，请列举几个。并请思考政府作出这样的决策，是基于什么样的考虑？

## 四、与企业有相关利益的其他集团

与企业有相关利益的其他集团，是指职工、产品销售商以及社会公众等。他们需要分析了解企业的发展前景、信用状况以及履行社会责任的情况。尽管这里的有些利害关系人与企业只是一种间接利益关系。

职工不仅要考虑他的劳动是否得到了相应的报酬，还要关注他所在的企业的发展前景；产品销售商关注它的上游公司的经营活动，并及时作出更换供销商的决策，以免遭受损失；社会有关部门则关注企业是否履行了其应该承担的社会责任。

**【实例 1－5】**

2002 年 6 月 25 日，广东省妇联接到一封来自四川的投诉信，投诉人说东莞安加鞋厂有十多名工人得了职业病。当广东省妇联会同有关部门前往东莞安加鞋厂检查时，27 名处于花样年华的打工妹被初步确定为正己烷中毒，她们有的已经瘫痪，有的四肢已不能灵活运转，有的人手指无法抓紧筷子。还有更多的女工在出现同样的情况后或者被辞退或者自己辞职，先后离开工厂返回了家乡。

请问：东莞安加鞋厂的这种情况，是否属于企业社会责任缺失？

**知识扩展**

社会责任会计作为会计发展的新领域和新分支，是社会责任同传统会计学的结合。它是以会计特有的方法和技术对某一企业经营活动所带来的社会贡献和社会损害进行反映和控制的会计。传统会计学，都只关心生产的经济结果，社会责任则扩大了内容，关注如何更好地维护可持续发展、治理环境污染、保障职工利益（生产安全、职业病和权益保障等）和保护消费者权益等。

## 五、企业的管理当局

上面所讨论的，都是会计信息系统对公司外部信息使用者的作用，那么它对公司内部的经营管理部门有什么作用？

企业的管理者需要会计信息了解企业的经营管理情况，关注企业的整体情况，以便从经营者的角度对企业进行把握和恰当的预测、决策、计划与控制，最终达到改善企业经营管理的目的。

**【实例 1－6】**

李东是某大型企业的总经理，他在工作中需经常思考以下问题：

(1) 能否偿还即将到期的债务？如果清偿能力面临困难，原因何在？如何改进企业的经营与投融资活动以改进企业的清偿能力？

(2) 企业目前所生产的产品中，哪一种产品能够给企业带来较多的利润？为什么？盈利能力欠佳一些的产品，如何提高其竞争能力？是否需要调整产品的结构，以增强企业的竞争能力和抵御风险的能力？

(3) 相对于过去，企业的业绩是否在持续改善？如果我们的业绩正在下滑，原因何在？未来应该如何改进我们的经营？

(4) 相对于竞争对手而言，企业的业绩如何？如果我们的业绩弱于竞争对手，原因何在？如何改进未来的经营、投资或融资，以提升企业的业绩？

请问：李总思考的这些问题是不是商业决策？这些商业决策是否需要依赖财务报表？李总应如何从财务报表中解读出有助于决策的信息？

## 六、会计信息使用者共同关注的会计信息

尽管各类会计信息使用者需要的会计信息的侧重点不同，但是企业以下方面的会计信息则是他们所共同关注的，那就是：

(1) 关于企业财务状况的会计信息。

(2) 关于企业经营成果的会计信息。

(3) 关于企业现金流量的会计信息。

(4) 关于所有者权益的各组成部分当期的增减变动情况的会计信息。

从这个意义上来说，财务会计提供的会计信息只是一种通用意义上的信息，一般体现在“四表一注”，即资产负债表、利润表、现金流量表、所有者权益变动表及其附注之中。但不同的会计信息使用者对这四张财务报表及附注有着不同程度的关注，至于各个会计信息使用者的特殊需要，则必须经针对性的财务报表分析后才能得出。关于这点，后面的章节会详细说明。

> **记住：**
>
> 新企业会计准则规定，财务报表是对企业财务状况、经营成果和现金流量的结构性表述，至少应当包括资产负债表、利润表、现金流量表、所有者权益（股东权益）变动表、附注。

**本章小结**

会计具有两个侧面：一面是如何做会计，另一面是如何用会计。掌握会计知识，也可以分为这两种，是基于做会计的目的，还是基于用会计的目的，而这有很大的差别。本书就是从“如何用会计”这一角度来编写的。

另外本章还详细介绍了会计信息系统的使用者，包括投资者、债权人、国家宏观管理部门、职工、社会公众和企业的管理当局等，以及他们所需要的会计信息的内容。

## 关键词

会计信息　　会计信息使用者　　投资者　　债权人
国家宏观管理部门　　企业的管理当局　　社会公众　　职工

## 课堂讨论题

1. 我国国有企业是否存在代理问题？会计在其中如何发挥作用？

2. 每年 2～4 月，上市公司都要公开其经审计的财务报表。为什么上市公司要公开其财务报表？所公开的财务报表为什么要经过独立审计？请你自行查收一家上市公司的年度报告，熟悉上市公司年报的基本内容和格式。

3. 为什么非上市公司不公开其财务报表？非上市公司是否要编制财务报表？如果编制，这些报表要报送给谁？

## 案例练习 1

### 了解中国的个人投资者：2009 年深交所投资者调查

关于中国的个人投资者，我们究竟了解了多少？他们从哪些途径获取投资信息？在股票交易前又是如何进行决策的？他们是否有明确的投资策略和投资纪律？哪些人群最易遭受投资诈骗的侵害？……

了解投资者，才能更好地服务投资者。带着这些问题，2009 年下半年，深交所投资者教育中心与综合研究所共同开展了一次全国性投资者状况调查活动，内部研究报告《深交所 2009 年个人投资者状况调查报告》（内部第 59 号）对此次调查结果进行了系统性总结。

此次调查由尼尔森（中国）公司负责具体执行，调查的对象为全国六大片区代表性城市中目前持有证券账户的居民，分别为北京（华北）、大连（东北）、上海（华东）、武汉（华中）、成都（西部）以及深圳（华南），年龄在 18～65 岁之间。其中针对 50 岁以下人群，使用网络在线访问的调查方式；对 50 岁及以上人群采用证券公司营业部外拦截访问方式。最终取得总体样本量 1855 个，标准误差小于 3%。

调查结果显示，网络对投资者获取投资信息与知识的方式产生重大影响，78%的投资者通过网络获取信息，其中财经网站、"股吧"论坛和博客是投资者浏览的首选。投资者更倾向于经过分析加工的财经消息与报道，信息"快餐化"的特征较为明显。

调查还表明，投资者倾向于投资决策自主，仅有 10%的投资者会因他人推荐而直接购买股票。其余的投资者均表示会在决策前作一定的研究分析。但进一步的调查发现，这部分人群的分析主要侧重于行情分析和收看媒体财经评论，对公开披露信息的关注并不多，独立的研究分析能力相对较弱。

市场的磨砺是对投资者最好的教育。调查显示，总体有六成投资者曾主动对自己的风险承受能力进行过全面评估，2007 年之后自我评估的比例较之前有显著上升，表明经历股市大跌后投资者的风险意识也有所增强。

投资诈骗仍对投资者造成一定的威胁，43%的投资者表示曾遭遇投资诈骗，比如以提供内部消息、无风险的高回报为由而编织的骗局，7%的人群因此蒙受损失。其中年龄越大、受教育程度越低的投资者越容易受到诈骗的侵害。

从调查中还可看到，近年来投资者教育活动成效显著，总计有69%的投资者接触过监管机构和证券经营机构的投资者教育活动。数据分析表明，开户时接受过券商营业部风险评估的投资者此后主动进行自我风险评估的比例为87%，远高于那些未接受过券商风险评估的投资者（54%）。

（资料来源：http://www.szse.cn/main/files/2010/06/21/078936342622.pdf）

要求：你身边是否有人在炒股？请你分析他（她）是从哪些途径获取投资信息？在股票交易前又是如何进行决策的？他们是否有明确的投资策略和投资纪律？

**案例练习2**

### 中行工行等六大银行次级债投资或亏49亿

美国次级债危机摧毁的不仅是美国的一些金融机构，大洋彼岸的中国商业银行也遭受了直接冲击。一位深涉次级债危机的美国金融机构香港公司人士对《证券市场周刊》预计，中国银行（601 988/3988.HK）等6家银行在次级债券危机中约产生49亿元（除特殊标明，文中货币均为人民币）的损失。其中，到2007年底，中国银行的投资亏损将达到38.5亿元，亏损将占其2007年全年税前利润的4.5%。

就在2007年3月新世纪金融公司爆出“次级债风波”之时，中资金融机构对美国次级债市场潜藏的危机仍未察觉。

2007年3月22日，中国银行在发布的2006年年报中称，该行积极利用上市筹集的资金，投资于流动性好且收益较高的资产类别，如按揭抵押债券、评级相对较高的公司债券，以及灵活度较高、利于增强投资总体回报的长期投资组合。不过，中国银行并未披露持有的按揭抵押债券头寸规模，外界也很难得知其持有美国次级债券的具体规模和亏损情况。

上述美资金融机构人士称，鉴于目前中国各家商业银行没有披露持有美国次级债券的规模，只能通过2006年财务数据进行估算。根据中国银行2006年财务数据，该行外币投资的美元资产为5 908亿元。银行金融机构投资按揭抵押债券市场相对保守，大约有1/3投资于按揭抵押债券。估计中国银行投资按揭抵押债券的规模约有2 200亿元。而根据美国权威机构的数据，次级债券在按揭抵押债券市场中的占比为13.4%。由此估算，中国银行投资次级债券的规模约为296亿元，2007年末次级债券亏损额约为38.5亿元，占其2007年预计税前利润的5%。

但中国银行内部人士对本刊说，由于次级债市场与按揭抵押债券等债券市场的关联性较高，中国银行投资的按揭抵押债券、评级相对较高的公司债券以及其他长期组合，都由于次级债市场的动荡，受到了不同程度的影响。但总体而言，美国次级债危机给中国银行等中资金融机构带来的影响还是比较有限的。

……

（资料来源：http://www.chinadaily.com.cn/hqcj/2007—08/11/content_6022468.htm）

要求：请自行查找上述这些银行公布的2007年年报中披露的次级按揭抵押债券投资头寸，思考作为债权人应如何有效控制此类风险。

**案例练习3**

**2009中国企业社会责任缺失案例**

2009年的中国企业社会责任研讨会公布了2009中国企业社会责任缺失案例。本次中国企业社会责任缺失案例的评选，主要从非法用工及侵犯员工合法权益、产品质量、违规经营、诚信缺失、重特大安全生产或环境污染事故、恶劣影响等六个方面来认定责任缺失的。

1. 三鹿集团“三聚氰胺重大食品安全事故”

2007年以来，三鹿集团的奶源中被加入大量的化工产品三聚氰胺，并被生产成奶粉等奶制品销售到市场中，导致全国众多婴幼儿因食用含有三聚氰胺的婴幼儿奶粉引发泌尿系统疾病，多人死亡。

2008年8月1日，河北出入境检验检疫局检验检疫技术中心出具检测报告，确认三鹿集团送检的奶粉样品中含有三聚氰胺。但田文华等三鹿集团领导班子却未果断采取积极正确的应对措施，隐瞒真相，并继续销售部分含有三聚氰胺的产品。

2008年9月，经媒体曝光后，“三鹿事件”成为重大丑闻。随后三鹿集团宣告破产，田文华被以生产、销售伪劣产品罪判处无期徒刑。

2. 完达山药业“刺五加注射液事件”（具体内容略）

3. 上海农药厂“瞒报除草剂泄露事件”（具体内容略）

4. 玖龙纸业“血汗工厂沸沸扬扬”（具体内容略）

5. 太阳纸业“环境污染掀起轩然大波”（具体内容略）

6. 云南玉溪维和制药“生产劣药数年不断”（具体内容略）

7. 北青旅“雇佣黑导游致游客死亡”（具体内容略）

8. 中大恒基“吃差价被判双倍赔偿”（具体内容略）

9. 中国一重“环境违法遭重罚”（具体内容略）

10. 宅急送“责任丧失快递一月丢三次”（具体内容略）

11. 雪花啤酒“爆炸伤人质量控制不严”（具体内容略）

12. 物美大卖场“售假被重罚”（具体内容略）

13. 太极集团“曲美减肥药定价混乱”（具体内容略）

14. 绿谷“涉嫌虚假广告被曝光”（具体内容略）

（资料来源：http：//finance.sina.com.cn/hy/20090919/22436771370.shtml）

要求：各位读者，你是否能真正把握社会责任会计的内容？请自行查找一份上市公司发布的社会责任会计报告，并作简单的分析。

# 第二章 融投资活动、报表项目与财务后果

## 学习目标

1. 理解融资活动的实质。
2. 理解负债、所有者权益、实收资本、资本公积、盈余公积和未分配利润的概念。
3. 认识各类融资活动的财务后果。
4. 理解投资活动的实质。
5. 理解固定资产原值、折旧及净值的概念，掌握无形资产原值、摊销及净值的概念，掌握长期股权投资的概念。
6. 认识各类投资活动的财务后果。
7. 记住“资产＝负债＋所有者权益”会计恒等式。

## 案例引入

2004 年 11 月 29 日，一则爆炸性消息传出，中国航空油料集团公司（以下简称“中航油”）因错判油价走势，在石油期货投资上亏损 5.5 亿美元，该公司决定向新加坡高等法院申请破产保护令（申请召开债权人大会以重组债务）。新加坡证券交易所已要求会计师事务所普华永道对中航油 5.5 亿美元的巨额亏损进行调查。同年 12 月，中航油股票在新加坡被停牌。

下面从数字看中航油的折戟：

2003 年下半年：公司开始交易石油期权（option），最初涉及 200 万桶石油，中航油在交易中获利。

2004 年一季度：油价攀升导致公司潜亏 580 万美元，公司决定延期交割合同，期望油价能回跌；交易量也随之增加。

2004 年二季度：随着油价持续升高，公司的账面亏损额增加到 3 000 万美元左右。公司因而决定再延后到 2005 年和 2006 年才交割；交易量再次增加。

2004 年 10 月：油价再创新高，公司此时的交易盘口达 5 200 万桶石油；账面亏损再度大增。

2004 年 10 月 10 日：面对严重资金周转问题的中航油，首次向母公司呈报交易和账务亏损。为了补加交易商追加的保证金，公司已耗尽近 2 600 万美元的营运资本、1.2 亿美元银行贷款和 6 800 万元应收账款资金。账面亏损高达 1.8 亿美元，另外已支付 8 000 万美元的额外保证金。

2004 年 10 月 20 日：母公司提前配售 15%的股票，将所得的 1.08 亿美元资金贷款给中航油。

2004 年 10 月 26 日和 28 日：公司因无法补加一些合同的保证金而遭逼仓，蒙受 1.32 亿美元实际亏损。

2004 年 11 月 8 日到 25 日：公司的衍生商品合同继续遭逼仓，截至 25 日实际亏损达 3.81 亿美元。

2004 年 12 月 1 日，在亏损 5.5 亿美元后，中航油宣布向法庭申请破产保护令。

（资料来源：http：//news.sina.com.cn/c/2004－12－03/13145113749.shtml）

业务活动导致财务后果，财务报表反映这些财务后果。本书从企业的融资、投资、经营等基本业务活动出发，导出资产、负债、所有者权益、收入、费用等会计要素和具体的报表项目，从资金流量的角度，通俗易懂地给它们下定义和探究本质，并且分析这些业务活动带来的财务后果，这样有助于大家直接从财务报表中了解到业务活动的财务后果，便于以后决策的改进。本章先从融资活动和投资活动开始，顺着这一思路展开，试图解决管理人员、债权人、投资者在学习会计知识时遇到的困惑。

## 第一节　融资活动、报表项目与财务后果

企业的基本业务活动，无非是从金融市场上筹集资金，投资于生产型资产，并运用这些资产进行生产经营活动，取得利润后用于补充权益资本或者分配给股东。因此，企业的基本业务活动可以分为融资、投资、经营活动和利润分配四个方面。

为了便于理解和有机安排各章节的内容，我们将经营活动放在第三章单独进行介绍，利润分配活动不再单独组章节，放在第五章介绍。并且在本书第二章、第三章中，由企业融资、投资、经营活动导出报表项目时，仅先给出一些相关的主要的报表项目，其余的报表项目则放在后面的四张财务报表中列示和说明。

### 一、融资活动的实质

**【实例 2－1】**

联创网络科技有限公司（以下简称联创公司）成立于 2006 年 3 月，是一家集网络游戏和手机游戏研发、大型网络游戏经营以及技术支持等为一体的新型高科技企业。注册资本金为 2 000 万元，股东有 5 位，其中李凯（系自然人）出资 400 万元，拥有 20％的股份（假定 1 元出资对应 1 股的注册资本）。

**【实例 2－2】**

2007 年 7 月，联创公司向某股份制商业银行借款 50 万元，年利率为 9％，期限为 2 年，每年支付一次利息，到期一次还本。

任何一个企业，为了形成生产经营能力、保证生产经营正常运行，必须拥有一定数量的资金。资金的取得是企业存在和发展的基本条件，是资金运作的起点。融资活动，指的就是企业为了满足投资和用资的需要，通过发行股票、向银行借款、发行债券等多种方

式，从企业内外部融入资金。企业融资，表现为资金的流入。

我们经常戏称融资为“圈”钱或“骗”钱。这里指的就是骗取当前的资金流入。那为什么能够“骗”取当前的资金流入？凭什么“骗”取？这是因为我们向资金的提供者承诺了未来资金的给付。在［实例 2－1］中，联创公司承诺未来每年向李凯支付其盈利额的20%，以此换取当前400万元的资金流入。在［实例 2－2］中，联创公司承诺未来2年中每年支付4.5万元的利息、2年后到期时偿还50万元的本金，以此来换取当前50万元的资金流入。我们就将这种“用承诺未来资金的给付来换取当前资金流入”的活动，称之为融资活动。究其实质，融资活动不过是资金流的跨期交换，并且是用承诺的未来资金付出来换取当前的资金流入。

那么［实例 2－1］和［实例 2－2］的融资活动有何不同？

企业可以从两个方面融资并形成两种性质的资本：一种是企业权益资金，它通过所有权融资方式取得，如向投资者吸收直接投资、发行股票、企业内部收益等；另一种是企业债务资金，它通过负债融资方式取得，如向银行借款、发行债券、应付款项等。［实例 2－1］中的融资就是所有权融资方式，［实例 2－2］中的融资就是负债融资方式。

理解了融资活动之后，我们就可以引入负债与所有者权益这些会计要素及具体的报表项目了。

## 二、负债

由负债融资方式形成的未来资金的给付义务，即为负债。例如，在［实例 2－2］中，联创公司承诺了未来2年中每年支付4.5万元的利息、第2年年末偿还50万元的本金，而因此在当前借入的款项50万元，即是联创公司承担的一笔负债。显然，负债是：

· 在负债融资活动中形成的。

· 为当前的资金流入而承诺的未来的资金给付义务，再说得通俗点，负债是未来的现金流出。

负债的数额如何来确定？通常用当前流入的资金来计量负债的数额。在［实例 2－2］中，联创公司负债的金额为50万元。

那么，融资活动会造成什么样的财务后果？例如，在［实例 2－2］中，联创公司借入100万元，一方面增加了当前的资金流入，即增加50万元的现金资产；另一方面承担了未来的资金给付义务，即承担了一笔负债，并且这笔负债的金额也是50万元。

我们说，这一结论具有一般性，即融资活动的财务后果是，一方面增加一笔资产，即现金资产；另一方面承担了一笔负债，这一笔负债的金额与增加的现金资产的金额相等。

年限在1年以上的负债融资方式形成的负债，我们称之为长期负债；年限在1年及1年以内的负债融资方式形成的负债，我们称之为短期负债。［实例 2－2］属于长期负债。如果借入的是一笔1年期的借款，金额为50万元，年利率为4%，到期一次还本付息，则属于短期借款。

## 三、所有者权益

由所有权融资方式形成的未来资金的给付义务，指的就是所有者权益。在所有权融资方式中，未来资金的给付义务是指什么？企业吸收股东的出资，无疑要在未来盈利后向股东分配利润，企业的这一义务，对于所有者而言是权益，因此，将其称为所有者权益。对于股份有限公司称之为股东权益。为了叙述的简便，本书对这两个概念不加以区分。

所有者权益按其形成的方式，可分为投资人投入的资本以及企业内部形成的留存收益。

### （一）投入资本

所有者投入资本，又分为实收资本（或股本）和资本公积中的“资本溢价”（或股本溢价）两部分。其中，实收资本（或股本）是企业实际收到的投资者投入的资本。在［实例2－1］中，股东李凯的400万元就是实收资本。如果是股份有限公司，相应的称之为股本。

**知识扩展**

企业申请开业时，应先将拥有的资本进行验资，然后向工商行政管理部门申请注册登记，注册资本就是指登记时的资本金。创立企业的股东，一般按出资比例认缴，1元的出资，获得1元的注册资本和1元的表决权。一般情况下，企业的实收资本，正好等丁其在登记机关登记的注册资本。但新公司法规定，所有新办理企业的实收资本可以不用全额到位，最少到位注册资金的20％即可。

不过，本书假定资本金是一次性全额到位，即实收资本与注册资本一致。

**【实例2－3】**

2009年11月，联创公司与伟通风险投资公司达成协议，伟通风险投资公司投入资本800万元，取得联创公司30％的股份。

那么［实例2－3］中伟通风险投资公司投入的800万元资本是否全部都属于实收资本？答案是否定的。我们发现，联创公司的注册资本为2 000万元，而伟通风险投资公司只持有30％的股份，也就是说，伟通风险投资公司投入的800万元中，只有600万元才算实收资本。那问题是，其余的200万元属于什么？为什么？

一般来说，公司初创时，股东是按照其在企业注册资本中所占的份额来出资的，所有投资金额全部作为实收资本。但若有新的投资者加入该公司时，他的出资额往往高于初始投资者的出资额。理由有两个：一方面，公司在原股东出资经营一段时间以后，盈利能力和资本利润率都有所提高，这表明企业的原有资本已经增值，因而新股东在加入时，应以高于原股东的出资额来占有与原股东等量的股份；另一方面，公司在经营一段时间以后，形成了留存收益等，尽管留存收益等未转入股本，但总是归原股东共有，那么原股东实际占有的资本总额高于其初始投资额。而新股东加入后会与原股东共享这部分留存收益，因此新股东为享有等额股份而应付出高于原股东的出资额。这样做的目的，无疑是为了保护企业原有股东的权益。

［实例2－3］中的200万元，就是伟通风险投资公司的出资额高出其在联创公司注册资本中所占份额的差额部分，其本质是资本溢价，会计上在资本公积项目反映。资本溢价是公司制企业最常见、最主要的资本公积金的来源。

再用公式来表示：

伟通风险投资公司投入的资本 800 万元＝实收资本 600 元＋资本溢价 200 万元

投入资本会造成什么样的财务后果？仍以［实例 2-3］为例，与负债类似，一方面，联创公司融入了 800 万元的现金，导致其现金资产增加；另一方面，联创公司对伟通风险投资公司承担了未来分配红利的义务，导致所有者权益增加，其中实收资本 600 万元，资本公积 200 万元。

我们说，这一结论具有一般性，如果企业从出资人处获得融资，其财务后果是：一方面，增加企业的资产（除了现金资产外，当然也有可能是实物资产等）；另一方面，增加企业的所有者权益，即增加企业的实收资本和资本公积。

### （二）留存收益

假设联创公司在第一个经营年度中赚取了 300 万元的利润，那么这 300 万元的利润归谁？是否全部可以用于对股东的利润分配？

在我国，为了防止企业将赚取的利润分光吃光，国家法规强制规定，企业应提取本年税后利润的 10％作为法定盈余公积。提取完盈余公积后，才能向股东分配红利。再假定联创公司计提了 30 万元的法定盈余公积，余下的 270 万元又分配给股东 100 万元，那么，最后余下的 170 万元才是未分配利润。

用公式表示：

留存收益 200 万元＝盈余公积 30 万元＋未分配利润 170 万元

留存收益是企业在经营过程中所创造的，没有分配给所有者而留存在企业的积累资金。它来源于企业的生产经营活动所实现的净利润，包括企业的盈余公积和未分配利润两个部分。

盈余公积是指企业按照规定从净利润中提取的积累资金，是已经指定用途的留存收益，包括法定盈余公积、任意盈余公积等。

未分配利润是指企业留待以后年度分配的留存收益，是企业净利润中尚未分配的利润。由于企业的生产经营活动是连续不断进行的，当年的未分配利润结转到下一年，再参与下一年的分配，分配后的结余部分又形成新的未分配利润，因此未分配利润是历年的累计。具体到某一年度，用公式表示：

期末未分配利润＝本期可供分配利润－盈余公积－分配的红利或利润额＝期初未分配利润＋本期实现的净利润－盈余公积－分配的红利或利润额

**知识扩展**

法定盈余公积按照净利润的 10％提取，法定盈余公积金累计额已达注册资本的 50％时可以不再提取。国家制定法律强制企业积累，是为了约束企业过度分配，自我壮大实力，减小经营风险。任意盈余公积由股东大会等决议决定是否提取以及提取的金额，有一定的灵活性。

盈余公积用于弥补亏损、扩大企业生产经营或者转增资本。

所有者权益的大致构成可以如下描述：

- 所有者权益（或股东权益）
  - 投入资本
    - 实收资本（或股本）
    - 资本公积
  - 留存收益
    - 盈余公积
    - 未分配利润

## 第二节　投资活动、报表项目与财务后果

### 一、投资活动的实质

企业融得资金后，必须将资金投入使用，以谋求最大的经济效益。投资活动就是将资金投放于一定的对象，以期取得未来收益的行为。

投资活动按投资形式，分为直接投资和间接投资。直接投资是指企业通过购买固定资产、无形资产等，直接投资于企业生产经营活动的一种投资行为。本书所指的直接投资是那些能给企业带来未来多年的资金流入，即直接的长期投资活动，如固定资产投资、无形资产投资等。至于那些仅给企业带来当年的资金流入，即直接的短期投资活动，如对应收账款、存货的投资，我们将它们放在了“经营活动”里讲授，理由是应收账款、存货等项目是通过企业日常的供产活动导出的。间接投资是指企业通过购买股票、基金、债券等金融资产，间接投资于其他企业的一种投资行为，包括对外长期股权投资、金融资产的购买。

**【实例 2 - 4】**

联创公司因规模扩大和发展需要，于 2009 年 3 月支付了现金 4 万元，买入一批办公家具。

> **记住：**
>
> 我们注意到，融资和投资在资金流的方向上是截然相反的，融资活动是承诺未来给付换取当前的资金流入，而投资活动则是为了赚取未来更大的资金流量而在当前做的资金预付。

在［实例 2 - 4］中，联创公司为了赚取未来更大的资金流而在当前作出了资金预付——购入办公用房，我们就将这种“用当前资金流的预付来换取未来资金流入”的活动，称之为投资活动。究其实质，投资活动不过是资金流的跨期交换，并且是在当前付出资金流，换取未来的资金流入。

理解了投资活动后，我们就可以引入资产这一会计要素及具体的报表项目了。

### 二、资产的定义

在投资活动中，预付资金流所形成的赚取未来现金流入的手段，就指的是资产。例如，在［实例 2 - 4］中，该办公家具作为办公场所的一部分，是企业赚取未来资金流入的手段，是一项投资，形成一项资产。显然，资产是：

- 投资活动中形成的。
- 我们所拥有的东西。

· 是企业赚取未来资金流入的手段，再说得通俗点，资产是未来的现金流入。

资产的数额如何来确定？取得资产所支付的代价，就是资产的成本，就是资产计量的金额。在［实例 2-4］中，该办公家具这一项资产的成本是 4 万元。

投资活动会造成什么样的财务后果？例如，在［实例 2-4］中，一方面联创公司支付了 4 万元，减少了 4 万元的现金资产；另一方面形成了一笔固定资产。

我们说，这一结论具有一般性，即投资活动的财务后果是：一方面，需要预付资金，减少了企业的资产；另一方面，形成了赚取未来资金流入的手段，增加了一笔资产，这一新资产的成本就是投资活动中预付的资金。

## 三、固定资产投资

仍以［实例 2-4］为例，依次回答下面的问题，来理解这一业务活动、形成的报表项目及其财务后果。

(1) 这一业务活动是否属于投资活动？

如前所述，答案是肯定的。

(2) 该投资活动是否形成一项资产？

该投资活动形成一项资产，并且是一项长期资产。

我们将买入的办公家具这一类具有实物形态的长期资产，称为固定资产。除了办公家具以外，固定资产通常还包括建筑物（厂房、仓库、办公楼或写字楼等）、机器设备、运输设备、其余办公设施、土地等。尽管许多资产是可移动的，比如汽车、机床、移动设备、小型工具等，但通常都称为“固定资产”。买入固定资产的投资行为，就是固定资产投资。

(3) 该投资行为的财务后果如何？

前面讨论过，该固定资产投资行为，一方面减少了现金资产，另一方面等额增加了固定资产。

(4) 如何对固定资产在其使用期间进行计价？

固定资产中除土地资产外，其余的项目都会在使用期间内随着耗用、磨损、过时而逐年折价。这部分的价值损失或减少称为“折旧”。

为什么需要计提折旧？一方面，资产的价值决定于资产创造的未来现金流量，该办公用房随着耗用，创造未来现金资金流的能力下降，价值也就随之而下降；另一方面，固定资产金额较大，且使用寿命一般长于一年，有的甚至达到数十年之久，如厂房等，企业通过使用固定资产在未来若干年内获利，如取得产品销售收入等，为了能与未来期间内使用它而获得的收入相配比，我们必须在使用期内将固定资产的原始成本分摊到每一期的费用中，这一成本分摊的过程，指的就是“折旧”，只有经过这一过程，我们才能正确计算利润。

> **思考：**
>
> 土地为什么不用计提折旧？请说明具体原因。

那么每年折旧的金额如何来确定？通常是根据固定资产的原始成本、预期使用寿命及固定资产报废时的残值大小为基础确定的。最为常见的一种折旧方法叫直线折旧法。例如，

[实例 2－4] 中的办公家具，预期使用寿命为 6 年，试用期满时，估计残值（变卖收入）为 4 000 元，那么每年折旧的计提金额为 6 000 元[(40 000 元－4 000 元)÷6 年]。

固定资产折旧带来的财务后果如何？一方面，折旧是一项费用，折旧的计提，增加了一笔费用；另一方面，折旧减少了固定资产的金额。

固定资产的折旧费用是直接冲减固定资产项目？不是的。因为在现实经济生活中，固定资产代表了一个企业的生产规模或生产能力，如果账面上固定资产随折旧的计提而降低，将给人以固定资产规模在不断萎缩的印象。另外，实际上，在其有效使用寿命期内，固定资产只要维护适度，基本都能保持其生产能力或水平。所以，为了使得固定资产项目能反映固定资产的原始成本金额，对其折旧的计提，另设“累计折旧”这一递减项目。这里，涉及固定资产原值、累计折旧、固定资产净值这几个概念的区分。固定资产原值，指的就是取得时的原始成本。累计折旧是每年计提的折旧金额的加总。固定资产净值是固定资产原值减去累计折旧后的余额。因此，固定资产项目反映的是企业固定资产取得时的原始价值，表明了企业的生产规模，而固定资产项目与累计折旧项目相递减，就得出固定资产净值。我们发现，将净值与原值相比较，就可以确定企业固定资产的新旧程度。

在 [实例 2－4] 中，计提的折旧情况见表 2－1。

**表 2－1**　　**固定资产折旧计算表**　　单位：元

| 年限（每年末） | 固定资产原值 | 每年计提的折旧额 | 累计折旧 | 固定资产净值 |
|---|---|---|---|---|
| 0 | 40 000 | 6 000 | | 40 000 |
| 1 | 40 000 | 6 000 | 6 000 | 34 000 |
| 2 | 40 000 | 6 000 | 12 000 | 28 000 |
| 3 | 40 000 | 6 000 | 18 000 | 22 000 |
| 4 | 40 000 | 6 000 | 24 000 | 16 000 |
| 5 | 40 000 | 6 000 | 30 000 | 10 000 |
| 6 | 40 000 | 6 000 | 36 000 | 4 000 |

折旧费用不用支付现金，当然不影响到现金流。这是本书中首次出现一项费用的发生没有影响到现金流的情况。我们都知道，加大成本费用会减少利润，从而使所得税减少。如果不计提折旧，企业的所得税将会增加许多。折旧可以起到减少税负的作用，这种作用称之为“折旧抵税”。

> **思考：**
> 折旧需要支付实实在在的现金？会影响到现金流？有何优点？

## 四、无形资产投资

**【实例 2－5】**

联创公司为成功研发一网络游戏，与该网络游戏核心技术（未申请专利）的拥有者赵辉签订合同，联创公司支付12万元的现金一次性买断这一技术的使用权。

同样，我们通过回答下面的问题，来理解这一业务活动、形成的报表项目及其财务后果。

(1) 这一业务活动是否属于投资活动?

答案是肯定的。

没有这一核心技术，该网络游戏就不能成功开发，企业就无法在未来赚取现金流，因此支付12万元获得核心技术是一项投资活动。

(2) 该投资活动是否形成一项资产?

预付的12万元显然会为联创公司在未来几年带来经济利益，为该公司提供了一个赚取未来现金流入的手段，因此，这项核心技术形成一项资产。该项核心技术，我们称之为无形资产。无形资产不具备实物形态，并且是可单独辨认的，通常包括专利权、非专利技术、商标权、著作权、特许权、土地使用权等。[实例2-5]中的核心技术，就属于非专利技术。无形资产显然属于长期资产，因为它能为企业带来未来多年的现金流量。

(3) 无形资产投资的财务后果如何?

与固定资产投资一样，无形资产投资的财务后果包括：一方面减少了企业的现金资产12万元，另一方面等额地增加了一项无形资产。

(4) 无形资产在使用期间应如何计价?

无形资产在未来创造现金流的能力将逐步下降，其价值会逐渐减少。我们将无形资产随使用而减少的价值称为无形资产摊销。可以看到，与固定资产的折旧类似，无形资产也需要在使用期间内进行摊销。

常见的摊销方法有直线法。假设[实例2-5]中，该技术的预计使用寿命为3年，净残值为零，并采用直线法按年摊销。我们可以得出，每年的摊销金额为4万元（12万元÷3年）。

无形资产摊销带来什么样的财务后果?一方面，摊销是一项费用，摊销的计提，增加了一笔费用；另一方面，摊销减少了无形资产的金额。

同样地，为了使得无形资产项目能反映无形资产的原始成本金额，对其摊销的计提，假设“累计摊销”这一递减项目。这里，需区分无形资产原值、累计摊销、无形资产净值这几个概念。无形资产原值，指的就是取得时的原始成本。累计摊销是每年计提的摊销金额的加总。无形资产净值是无形资产原值减去累计摊销后的余额。

> **思考：**
>
> 我国的土地所有权归国家所有，企业为何会有土地的概念?固定资产中的土地与无形资产中的土地使用权有何不同?

结合上述对[实例2-5]非专利技术讨论的情形，读者可以自行分析别的无形资产的取得、摊销的情形及其相应的财务后果。

**知识扩展**

在“固定资产”中核算的“土地”是指在20世纪90年代中期的全国性国有企业清产核资中，为了显化国有资产和建立基准地价制度，在将当时国有企业占用的划拨土地评估作价后，按照财工字［1995］108号等当时的文件规定，计入到了“固定资产”项目，作为国家投资的土地。这类土地本质上是通过行政划拨的方式取得的，并无取得成本，所以不需计提折旧，这点在前面已有讨论。事实上，在“固定资产”中核算的土地，更确切和完整的叫法应是“过去已经估价单独入账的土地”。

现土地使用权的取得一般通过有偿取得的方式，具体有土地使用权出让、转让、租赁、土地使用权作价出资或者入股等。这种有偿取得的土地使用权，不能作为“固定资产”进行核算和管理，而应计入“无形资产”。另外，获得行政无偿土地划拨的企业，在改制时，需对划拨土地需要进行处置，通常是转为出让，也可以是作价入股、授权经营(需经特殊审批程序)，或者在一定年限内保留划拨，在财务上核销原有的“固定资产——土地”项目，并新确认“无形资产——土地使用权”项目。

## 五、长期股权投资

**【实例2－6】**

*为开发异地市场和进一步提高企业的研发能力，联创公司于2009年10月斥资300万元收购了异地的一家高科技企业60%的股份。*

可以得出，联创公司支付现金收购异地一高科技企业，是为了得到未来现金的流入，因此该投资活动形成了一项资产，我们通常称之为长期股权投资。长期股权投资是一项长期资产，因为从收购动机来看，不是短期的投机行为，而旨在谋求资源的整合和长期的控股。

长期股权投资的财务后果，与固定资产投资、无形资产投资类似，一方面减少企业当期的现金等资产，另一方面增加企业的长期股权投资。

长期股权投资，除了上述的控股方式外，还包括重大影响、重大影响以下等方式。具体见表2－2。

**表2－2　　长期股权投资控股方式**

| 方　式 | 持股比例 $P$ | 投资企业 | 对应的被投资单位 |
|---|---|---|---|
| 控制 | $P>50\%$ | 母公司 | 子公司 |
| 重大影响 | $20\%\leqslant P<50\%$ | 普通投资企业 | 联营企业 |
| 重大影响以下 | $P<20\%$ | 普通投资企业 | 普通被投资单位 |

在判断时应注意的是，持股比例只是量的标准，还必须同时考虑质的标准，即会计核算时经常提及的“实质重于形式”原则。

**知识扩展**

实质重于形式要求企业应当按照交易或者事项的经济实质进行会计确认、计量和报告，不仅仅以交易或者事项的法律形式为依据。

例如，甲公司拥有乙公司45%的表决权资本，同时，根据协议，乙公司的董事长和总经理由甲公司派出，在这种情况下，甲公司虽然只拥有乙公司45%的表决权资本，但由于乙公司的董事长和总经理均由甲公司派出，甲公司可以通过其派出的董事长和总经理对乙公司进行经营管理，拥有对乙公司的财务和经营政策实施控制的权力，则表明甲公司实质上控制乙公司。又如，A公司拥有B公司15%的表决权资本，但B公司的生产经营需要依赖对方A公司的技术，在这种情况下，表明A公司对B公司具有重大影响。再如，丙公司由E公司和F公司共同投资建立，E公司拥有丙公司25%的表决权资本，F公司拥有丙公司75%的表决权资本，假定E公司除了拥有丙公司25%的表决权资本外，无其他实施重大影响的途径，在这种情况下，表明F公司控制丙公司，E公司对丙公司不具有实施重大影响的能力。

## 第三节 会计恒等式

人们发现，任何资产，只不过是经济资源的一种存在或表现形式，或现金，或机器设备等；另一方面，各项资产，都有其相应的权益要求。这样，就形成了最初的会计恒等式：资产＝权益。

这一等式的存在不是偶然的，任何情况下都是成立的。实际上，资产和权益不过是同一事物的两个方面：资产表现为经济资源在企业存在和占用的各种形态，而权益表现为这些经济资源的来源和渠道，并且全部资产必须等于全部权益。

权益，即经济资源的来源，有两部分：一部分来自于债权人，一部分来自于股东。前者指的是负债，即通过债务融资方式从债权人处取得的借入资金；后者指的是所有者权益，即通过所有权融资方式取得的。这两种不同的资产来源所形成的权益有着本质上的不同：

（1）使用的期限不同，负债一般都有确定的偿还期限，而所有者权益是不需要偿还的，除非发生减资清算。

（2）对资产的要求权不同，所有者权益可以参与经营和分享公司的收益，但也承担了亏损的责任和义务，而负债由于是必须要归还的，因此不承担亏损责任。

（3）索偿权的不同，债务优先于股权。企业在经营活动中赚取了利润，需先支付债务利息等，余下的部分才能向出资人分配红利或利润。还有企业破产或清算时，企业全部的财产得优先偿还债务，有剩余的，才返还给出资人。因此，为了有所区别，上述等式被扩展

**记住：**

资产＝负债＋所有者权益，这一恒等关系是最基本的会计等式，是资产负债表的编制依据和构成骨架。

为：资产＝负债＋所有者权益。这个等式反映的是一个企业在特定时点上的资产、负债和所有者权益的结存情况，是静态恒等式。

前面说过，负债的索偿权要优先于所有者权益，因此，所有者权益还被称为“剩余权益”。这一术语形象、贴切地说明了所有者对企业所享有的权益和风险。当企业经营成功、不断实现利润时，剩余权益就会越来越大；当企业经营失败、不断出现亏损时，剩余权益就会越来越小；当企业资不抵债时，剩余权益就为零，甚至是负数。所有者权益体现了企业资产扣除负债后的由所有者享有的剩余权益，因此，会计上也称其为“净资产”。

> 所有者权益，又叫剩余权益和净资产

**本章小结**

本章主要介绍了融资活动与投资活动的实质，资产、负债和所有者权益的概念，及其相应的财务后果。融资活动的实质是用承诺未来资金的给付来换取当前资金流入的活动，它导出了负债和所有者权益这两个会计要素。负债和所有者权益均是未来的资金流出，但这两类权益有着本质的不同。融资活动造成“一方面增加现金或实物，另一方面增加负债或所有者权益”的财务后果。投资活动的实质是为了赚取未来更大的资金流量而在当前做的资金预付，它导出了固定资产、无形资产等资产类报表项目，资产是未来的现金流入。投资活动造成“一方面减少了现金或实物，另一方面增加了相应的资产”的财务后果。本章最后给出“资产＝负债＋所有者权益”静态会计恒等式。

**关键词**

| | | | |
|---|---|---|---|
| 融资活动 | 投资活动 | 负　　债 | 所有者权益 |
| 实收资本 | 资本公积 | 盈余公积 | 未分配利润 |
| 资　　产 | 固定资产 | 无形资产 | 长期股权投资 |

**课堂讨论题**

1. 企业投入资本、注册资本与实收资本之间有何关系？

2. 企业本期可供分配利润与本期实现经济利润之间有何关系？企业本期实际分配的利润有无可能大于本期实现的净利润？

3. 长期负债和短期负债对未来现金流量的影响有何不同？

4. 长期投资和短期投资对当前资金压力和未来现金流量所带来的影响有何不同？

**案例练习 1**

**深圳万科可转换公司债券融资**

万科企业股份有限公司前身为成立于 1984 年 5 月的深圳市现代企业有限公司。1991 年 1 月 29 日，公司 A 股在深圳证券交易所挂牌交易，主营业务为房地产，是中国内地首批公开上市的企业之一。公司设立时股本总额为 41 332 680 股。公司设立后，经过数次送红股、公积金转增股本、配股、定向发行法人股、发行 B 股、发行职工股、发行可转换公司债券的行为，截至2006年6月30日，期间累计总筹资额约46亿元人民币和4.5亿元港币，累计现金分红17.32亿元。

其中两次可转换公司债券的发行是久为人知的。

2002年可转换公司债券发行及赎回：

(1) 公司于2001年7月11日董事会审议并经8月15日临时股东大会表决通过可转换公司债券发行方案。2002年6月13日，公司发行总额为15亿元的可转换公司债券，期限为5年，自2002年6月13日（发行首日）起，至2007年6月13日（到期日）止。票面利率1.5%，每年支付一次。转股价格为12.10元/股，以公布募集说明书前30个交易日"万科A"股股票平均收盘价格11.86元为基准，上浮2%。转换期自2002年12月13日起至2007年6月13日。

(2) 自2004年1月15日至2004年3月8日，万科A股股票连续30个交易日的收盘价高于当期转股价格（5.85元/股）的130%，即7.605元/股。截至2004年3月4日，已有12.7亿元万科转债转换为公司发行的A股股票，占比84%。2004年3月9日、10日、11日万科连续三次刊登万科转债赎回公告，公司将按面值加当年利息的价格101.5元/张，赎回在赎回日之前未转股的全部万科转债，赎回日为2004年4月23日。最终，万科转债全部赎回数量为60 239张，共计6 114 258.5元，只占万科转债发行总额15亿元的0.4%，现金流出约6 114 258.5元，其余全部转股。

2004年再次发行可转换公司债券：

(1) 在"万科转债1"仍在交易期间，公司于2003年9月5日召开董事会并经公司10月27日临时股东大会表决通过第二次可转债发行方案。2004年9月24日，万科发行规模为人民币19.9亿元、期限为5年的可转换公司债券，简称"万科转债2"，债券票面利率为第一年1%、第二年1.375%、第三年1.75%、第四年2.215%、第五年2.5%。每年付息一次。自发行之日起6个月后的第一个交易日起，至可转换公司债券到期日止的期间为转换期，初始转股价格为5.48元/股，以公布本募集说明书前30个交易日公司A股股票平均收盘价格5.22元/股为基准，上浮5%。

(2) "万科转债2"自2005年3月24日起开始转换A股股票，自2006年1月4日至2006年2月21日，公司A股股票连续28个交易日中累计20个交易日的收盘价格高于当期转股价（3.55元/股）的130%（即4.615元/股），公司行使赎回权利，将截至2006年4月7日之前未转股的3 869 600元（38 696张）"万科转债2"全部赎回。

观察万科股价，以2002年6月13日的收盘价11.43元计，截至"万科转债2"全部赎回。2006年6月6日，除权价格上涨177.63%，深成指数从3 046.88上涨到3 760.03，累计上涨23%，万科股价的表现远远优于大盘，呈现稳定上涨态势，这与其选择可转换公司债券这一融资方式不无相关。

（资料来源：《万科企业股份有限公司可转换债券发行公告》，万科股份公司网站）

要求：万科公司当时可供选择的再融资方式有贷款、配股、增发和转债，最后万科选择了转债方式，这是为什么？这几种融资方式的特点怎样？选择转债方式是否与该企业现金流特点有关？对财务报表造成什么样的后果？

## 案例练习 2

### 鲁冠球的并购 5 绝招案例分析

人称常青树的鲁冠球，他在资本市场并购过多家上市公司，如美国舍勒公司、华冠科技等。总结他的资本市场之旅，可以发现，他首先是做实产业，在一方站稳之后，然后视并购如同“探囊取物”，多次试探之后，在与被并购方有充分的接触，甚至有业务的合作之后，谨而又慎，方能准备并购。在并购过程中，根据不同的并购对象，采用不同的方式，锁定风险。

第 1 招：夯实产业，确保稳定的现金流。

并购需要资金，并购资金从哪里来？国内并购资金来源大约有 3 种：向社会公开筹资、自有资金、金融机构等非正常渠道筹资。国内并购成长起来的大企业经常容易“生病”的原因是多方面的，其中一个主要原因是：并购资金来源中的风险诱因。因为并购是一种风险较高的长期产业投资，若将短期融资作为产业资本使用，必将埋下风险的种子。如果并购中使用企业的自有资金，或者是可以承担较大风险产业投资资本，则可以化解并购中这种风险。

此外，万向集团的并购也非常注重现金流回报。如在收购美国舍勒公司以后，不但稳定了万向集团产品在美国市场的出口，而且向美国的出口额每年增加了 500 万美元，为万向集团增加了现金流回报。

第 2 招：依据整体产业布局选择合适的并购对象。

在选择并购对象的时候，鲁冠球延续了其一贯的专注风格，严格地按照自身的产业及战略规划布局选择合适的并购对象。

汽车零配件是万向集团的原有主业，是万向集团原来最大的现金流来源，如何延伸？万向集团从真正所需方面进行并购。为了市场与技术，并购美国舍勒公司。

位于美国芝加哥的舍勒公司成立于 1981 年，公司主要制造和销售制动器及零部件等系列产品，客户涵盖了美国各大汽车零部件连锁店及采购集团。通过收购舍勒公司，使万向在汽车制动零部件领域进一步得到先进技术的支撑，打开新产品的世界市场渠道。舍勒作为美国的一家上市公司，也对万向在海外融资拓展了更大的空间。

（资料来源：http：//biz. zjol. com. cn/05biz/system/2005/03/17/004421049. shtml）

要求：万象集团的投资活动对它的现金流带来什么样的影响？请查阅“万向钱潮”（股票代码 000559）这几年的年报，分析这些投资活动对重要报表项目（如净利润、净资产、每股收益等）的影响。

# 第三章 经营活动、报表项目与财务后果

**学习目标**

1. 理解经营循环的含义。
2. 理解原材料、应付账款的含义。
3. 认识采购活动造成的财务后果。
4. 理解在产品、应付职工薪酬和产成品的含义。
5. 认识生产活动造成的财务后果。
6. 理解主营业务收入、应收账款、主营业务成本、利润的含义。
7. 认识销售活动造成的财务后果。

**案例引入**

作为国内汽车IT领域的龙头企业，受益于我国汽车销量的高速增长和对车载电子设备的旺盛需求，启明信息（股票代码002232）的汽车电子产品将迎来重要发展机遇，未来发展空间巨大。

公司的前装和准前装车载信息系统2011年有望进入放量增长期，预计该系统出货量为6万～8万台，有望实现收入4亿元。公司在前装和准前装领域的优势地位来自：①作为一汽集团的核心成员，公司拥有其他国内厂商难以比拟的股东背景；②公司十分重视研发，前瞻性很强的技术研发奠定了公司在多个子领域的技术优势地位，公司获得的技术优势能够保证盈利能力。其他汽车电子产品也将受益于汽车销量的高速增长。

预计公司汽车电子产品销量有望在2011年大幅提升。此外，公司募投项目中的Q3管理软件项目和交易平台项目也将在2011年开始贡献利润。公司在汽车电子和高端软件业务的布局已经基本完成，即将进入收获期，公司明后两年的盈利能力将大幅提升，业绩有望进入增长快车道。中银国际首次给予启明信息"买入"评级，目标价31.00元。

（资料来源：每日经济新闻）

本章从制造企业的采购、生产和销售这些经营活动出发，导出相对应的资产、负债、收入、费用、利润等会计要素和具体的报表项目，并且分析这些经营业务活动带来的财务后果。

## 第一节 采购活动、报表项目与财务后果

相对于其他行业来说，制造业的经济活动最为完整，生产经营过程中的经济业务也比较典型，因此，本章的经营活动，将以制造业为对象。制造业的经营活动主要包括采购、

生产和销售三个环节，又称供产销环节。

融资、投资、采购、生产、销售和利润分配这五个活动在制造业企业的经营过程中不断地重复，我们将这一过程称为经营循环，具体如图 3－1 所示。

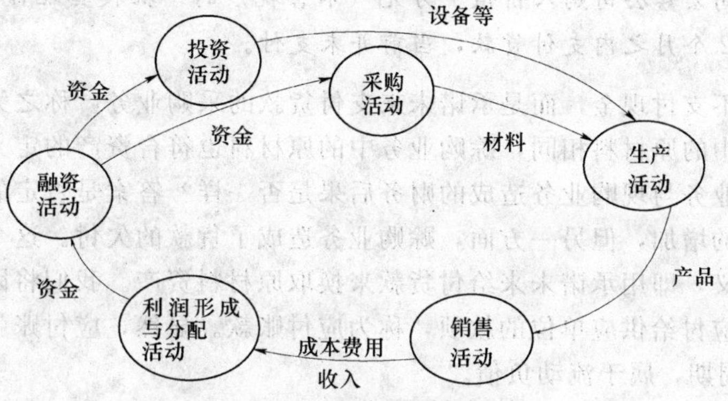


图 3－1　制造企业的经营循环

## 一、材料采购

对于制造企业来说，产品的生产必须要有适当的材料采购与储存。采购业务，主要有材料采购、支付货款等。从款项支付的方式来看，材料采购业务又分为现购业务和赊购业务。本书的经济业务暂不考虑增值税。

### （一）现购业务

**【实例 3－1】**

盛大模具厂是一家设计和生产各种模具的制造企业，向华英公司购入价值 5 万元（不含税）的一批模具配件，货款已经用支票支付。

对于模具制造企业而言，模具配件构成模具产品的一个部分，我们称之为原材料。用支付现金的形式采购原材料的业务，我们称之为现购业务。

接下去依次回答下面的问题，来理解这一业务活动、形成的报表项目及其财务后果。

（1）该现购活动是否形成一项资产？

原材料显然是企业生产产品、赚取未来资金流入的手段，符合资产的定义，因此原材料属于资产。

（2）该现购活动的财务后果如何？

该现购活动，一方面增加了 5 万元的原材料资产，另一方面等额减少了现金资产。

**知识扩展**

增值税进项税额，是指企业购入商品或劳务时向销货方或劳务提供方支付的增值税，是价外税，即不计入原材料的采购成本。增值税销项税额，是指企业销售商品或提供劳务时向购买方收取的增值税。我国在增值税的处理上又分为一般纳税人和小规模纳税人。

## （二）赊购业务

**【实例 3－2】**

盛大模具厂向宏鑫公司购入价值 7 万元（不含税）的一批模具配件，根据采购合同，盛大模具厂承诺 2 个月之内支付货款，当前并未支付。

我们将当前不支付现金，而是承诺未来支付货款的采购业务，称之为赊购业务。

与现销业务中的原材料相同，赊购业务中的原材料也符合资产的定义。

那么，赊购业务与现购业务造成的财务后果是否一样？答案是否定的。尽管，一方面都是原材料资产的增加，但另一方面，赊购业务造成了货款的欠付。这个欠付的货款，显然符合负债的定义，即用承诺未来给付货款来换取原材料资产。我们将因为采购原材料和接受劳务供应而应付给供应单位的款项，称为应付账款。显然，应付账款的支付时间小于 1 年或一个营业周期，属于流动负债。

赊购活动会造成什么样的财务后果？例如，在［实例 3－2］中，一方面增加了 8 万元的应付账款；另一方面增加了 8 万元的原材料资产。

现购业务发生以后，企业的资产总量是否发生变化？赊购业务发生以后，企业的资产总量又是否发生变化？

> **记住：**
> 应付账款是一项融资方式。

现购业务，一方面减少现金资产，另一方面增加原材料资产，因此该现购业务发生前后，资产总量保持不变。而赊购业务中，原材料的增加是以承担一笔负债即应付账款为前提的，并没有减少其他业务，所以企业的资产总量因此而增加。赊购既是一笔采购业务，也是一笔融资业务，以原材料的方式取得借款，未来以现金的方式偿还，并且一般情况下也没有利息负担，因此，应付账款也是企业的一项融资方式。

### 相关链接

**2009 年 1～5 月重钢盈利 1.02 亿元**

金融危机对重钢来说是“有危也有机”，可以借此降低铁矿石原料的采购成本。重钢采取了“错峰采购”（如本来是月底采购的提前到月中采购）、“比价采购”（多找几家供货商投标决定）等措施。市场好的时候买矿很难，而金融危机发生后，则变成买方市场，有些供应商前期对市场判断有误，大量囤积钢材，如国内一些码头铁矿石大量积压，正常一般存货 3 000 万吨，2008 年 8～9 月存了 9 000 吨，钢价跳水后，那些供应商把前一年多的利润都赔进去了，只有降价卖出套现，因为金融危机中最重要的是现金。重钢利用了这种心态和机会取得利益，从 2008 年 9 月到 2009 年 6 月，集团原材料采购成本下降 10 亿多元。这就是 2009 年头 5 个月大钢企亏损，重钢却能盈利 1.02 亿元的原因。

（资料来源：中国经营报）

### 二、支付前欠的货款

**【实例 3－3】**

盛大模具厂向宏鑫公司支付此前采购形成的一部分应付账款 4 万元。

支付前欠的货款业务发生后，现金资产减少 4 万元，应付账款这一流动负债减少 4 万元，即资产和负债都同时减少 4 万元。

## 第二节　生产活动、报表项目与财务后果

生产过程是制造企业最具特色的阶段，在这一阶段，企业劳动者运用机器设备对原材料进行加工，最终形成产品。

综观企业供、产、销等全过程的经济业务，从会计核算角度来看，生产阶段所发生的经济业务数量最多，也最为复杂。从会计角度看，生产阶段的主要业务包括原材料的领用、人工成本的发生、折旧费用的计提以及完工产品的入库等。其中，计提折旧费用已由第二章介绍。

### 一、领用材料

**【实例 3－4】**

盛大模具厂的第一生产车间本月领用了总金额 9 000 元的原材料，投入模具的生产。假设本月该厂只生产一种模具。

我们将处于生产过程中的产品，称之为在产品。在产品在会计上以在产品成本（费用）来表示，用来核算期末完工产品的成本（费用）。为简化表述，本书对成本和费用不作区分。

领料业务发生后，一方面，在产品成本增加 9 000 元，材料成本显然构成在产品成本的一个组成部分；另一方面，原材料资产减少 9 000 元。

### 二、计提工资和福利费

**【实例 3－5】**

盛大模具厂本月计提应付生产车间工人的工资 7 000 元，并按工资总额的 14％计提职工福利费 980 元。

我们将企业根据有关规定应付给职工的各种薪酬，包括工资、职工福利和社会保险费等，称之为应付职工薪酬。应付职工薪酬，意味着企业承担了未来现金流量的给付义务，构成企业的一项负债。

这一业务发生后，一方面，在产品成本增加 7 980 元(7 000 元＋980 元)，生产工人的工资及福利费显然构成在产品成本的一个组成部分；另一方面，应付职工薪酬增加 7 980 元。

### 三、产品完工入库

**【实例 3－6】**

本月底，假设盛大模具厂本月投产产品全部完工验收入库，共计 2 000 件。本月发生

的所有在产品成本总额为18 000元，除了［实例3－3］中的9 000元材料成本、［实例3－4］中的7 000元人工成本之外，还发生了固定资产折旧费2 000元。

由于本月只生产一种产品，且所有投产产品全部完工，因此，本月发生的所有在产品成本就由这2 000件产品承担，并且我们称已经完工入库的产品为产成品。产成品显然也是企业赚取未来资金流入的手段，符合资产的定义，当然属于资产。

这一业务发生后，一方面产成品资产增加18 000元，另一方面在产品资产减少18 000元。可以看出，企业的资产总量并未发生变化。

当然，实际的产品成本计算比上述例子复杂很多，感兴趣的同学，可以参阅成本会计教材。

**相关链接**

**原料人工成本都在涨 鞋靴踏上涨价之路**

奥康千石制造中心总经理樊曼如表示，原材料全都在涨价。“2010年以来皮革上涨了15%左右，药水上涨了10%，包装纸的涨价也远远超过15%。”樊曼如算了一笔成本账：一双鞋光成本涨幅就在10%～15%，还没有加进人力成本。就在不久前，一轮用工荒迫使奥康每双鞋的单价上调了10%，才能消化人力成本。樊曼如说，目前，制鞋业不得不在“保利润”和“保客户”之间作出选择，一旦客户大量流失，企业最终必然倒闭，因此更多企业选择牺牲利润来保住客户。

金猴集团副总经理苏金合表示，越高档的鞋涨价越多，因为越高档的鞋用料越好，材料涨幅越大。“皮革业和化工业是紧密相连的，跟着石油行情走。现在国际石油涨这么高，化工原料的费用涨得也很大。”

伴随原材料涨价的，是人民币升值的巨大冲击。一位不愿透露姓名的业内人士称，这两年，对于鞋厂来说，除了出厂的鞋子价格难以上涨之外，所有的开支都增加了。人民币一升值，无疑雪上加霜。

（资料来源：齐鲁晚报）

## 第三节 销售活动、报表项目与财务后果

销售是企业产品价值实现的过程。企业所生产的产品能否在市场上顺利地销售出去，决定了企业能否在激烈竞争的市场环境下生存、发展并不断壮大。

从会计角度看，销售阶段的主要业务包括实现销售收入、收回应收账款、结转销售成本等。

### 一、实现销售收入

同样地，根据款项是否收到，销售产品也可以分为现销业务和赊销业务。

#### （一）现销业务

**【实例3－7】**

盛大模具厂销售给南林公司500件磨具，产品已发出，货款6 000元，已通过银行收讫。

企业在正常经营活动中会出现多种形式的收入，除了常见的产品销售收入，还有其他销售收入。我们分别在主营业务收入和其他业务收入进行核算。主营业务收入是指企业在经常性活动中实现的收入。制造企业的经常性活动指的就是制造并销售产品，而商业企业的经常性活动指的就是销售商品，咨询公司的指的就是提供咨询服务，软件开发企业的指的就是为客户开发软件，租赁公司的指的就是出租资产。这些活动形成的经济利益的总流入构成收入，属于企业的主营业务收入。

其他业务收入是指在非经常性活动中实现的收入。例如，制造企业对外出售不需用的原材料、对外转让无形资产使用权等。这些活动形成的经济利益的总流入也构成收入，但属于企业的其他业务收入。

记住：

主营业务收入增加，会造成企业利润的增加，最终造成企业所有者权益的增加。

本例中，盛大模具厂属于制造企业，因此其销售模具业务带来的收入，属于主营业务收入。

这一业务发生后，一方面现金资产增加 6 000 元，另一方面主营业务收入等额增加 6 000元。

### （二）赊销业务

**【实例 3－8】**

盛大模具厂销售给荣发公司磨具 1 000 件，货款 12 000 元，产品已发出，款项尚未收到。

虽然货款没有收到，但盛大模具厂取得了收取货款的权力。这一债权，即应收账款。应收账款是指企业因销售商品、提供劳务等而应向购买单位收取的款项。应收账款，显然具有未来的现金流入，属于一项资产。

这一业务发生后，一方面应收账款增加 12 000 元，另一方面主营业务收入等额增加 12 000 元。

## 二、收回应收账款 1

**【实例 3－9】**

盛大模具厂全部收回此前销售给南林公司的应收账款 12 000 元。

这一业务发生后，一方面现金资产增加 12 000 元，另一方面应收账款减少 12 000 元。可以看出，企业的资产总量并未发生变化。

## 三、结转销售成本

**【实例 3－10】**

盛大模具厂汇总并结转本月已售产品的成本 13 500 元。

记住：

主营业务成本增加，会造成企业利润的减少，最终造成企业所有者权益的减少。

已经销售产品的成本，我们称之为主营业务成本。对于制造企业来说，主营业务成本是指其在销售商品和提供劳务等经常性活动中发生的成本。除了主营业务成本外，还有其他业务成本。对于制造企业来说，其他业务成本是其在销售材料、代购代销等非经常性活动中发生的成本。

这一业务发生后，一方面主营业务成本增加 13 500 元，另一方面产成品资产减少 13 500元。

**相关链接**

**棉价回调二成　家纺业业绩趋佳**

2010 年 1～8 月，棉价不断飞速上涨，突破 20 000 元/吨大关，相比去年同期的 14 000 元/吨，上涨近五成。受棉价飙涨影响，床上用品涨幅普遍超过 30%，家纺企业将棉花的涨价转嫁到了下游。据国家统计局统计，2 536 家规模以上家纺企业 1～8 月累计完成工业总产值 1 345.75 亿元，同比增长 25.1%，出口交货值 353.84 亿元，同比增长 17.66%，主营业务收入 1 291.4 亿元，同比增长 25.37%。利润率 4.63%。

2010 年 10 月以来，一路高涨的郑州商品交易所棉花主力合约，近日高台跳水，创下近年来最大跌幅，跌去 25%。棉价的下跌，再加上第四季度销售旺季的到来，给家纺业带来商机。

（资料来源：中国经济网）

## 四、利润

我们可以将［实例 3－7］、［实例 3－8］、［实例 3－10］结合起来看，共实现收入 18 000 元和发生费用 13 500 元，而收入 18 000 元减去费用 13 500 元后的净额就是利润。

一定时期的收入补偿费用以后，形成企业的经营成果，即利润。“收入－费用＝利润”，是利润表的编制依据和构成骨架。

当然，利润是多层次的，有销售毛利、营业利润、税前利润、净利润等，详细的内容在第五章进行展开。

**记住：**

利润是企业在一定会计期间的经营成果，是收入和费用配比后的结果。

我们可以看出，那些取得收入、发生费用的经济业务，在收入或费用增加的同时，也会导致资产或负债产生相应的变动。一般来说，收入的增加体现为资产的增加或负债的减少，费用的发生则表现为资产的减少或负债的增加。例如，收入的增加，在［实例 3－7］、［实例 3－8］中，体现为现金的收到或应收账款的增加。费用的发生，在［实例 3－10］、［实例 3－5］中，则表现为存货的减少或应付职工薪酬的增加。

收入和费用相减的净结果，而无论它是盈利（收入大于费用）还是亏损（费用大于收入），应该由企业的所有者来承担，即利润会造成所有者权益的增加或减少，用公式表示为：

收入－费用＝利润＝所有者权益（净资产）的变动额

资产、负债、所有者权益、收入、费用和利润之间的关系，用图 3－2 表示如下。

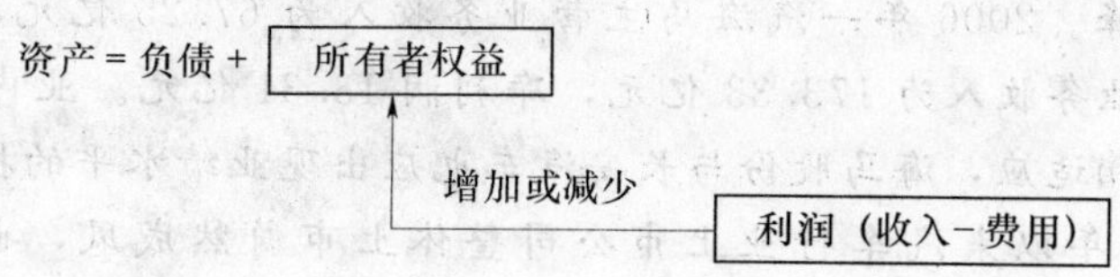


图 3－2　资产、负债、所有者权益、收入、费用和利润之间的关系

## 本章小结

本章从制造企业的采购、生产和销售这些经营活动出发，导出相对应的资产、负债、收入、费用、利润等会计要素和具体的报表项目，并且分析这些经营业务活动带来的财务后果。其中由材料采购业务导出原材料、应付账款等报表项目，由产品生产业务导出在产品、应付职工薪酬和产成品等报表项目，由产品销售业务导出主营业务收入、应收账款、主营业务成本、利润等报表项目。本章的最后给出“收入－费用＝利润”这一动态会计恒等式。

## 关键词

经营活动　　采购活动　　生产活动　　销售活动
原材料　　应付账款　　在产品　　应付职工薪酬
产成品　　主营业务收入　　应收账款　　主营业务成本

## 课堂讨论题

1. 企业应如何合理地利用应付账款？

2. [实例 3－6] 中，如果盛大模具厂不止生产一种产品，请问各种产品的生产成本应如何计算？

3. 主营业务收入与其他业务收入有何区别？请举例说明。

4. 收入、费用、利润与所有者权益之间有何联系？

## 案例练习

### 汽车销售火爆增厚上市公司业绩

中国汽车工业协会近日发布的最新统计表明，2007 年 1～5 月，国内乘用车销售量达到 257.27 万辆，同比增长 21.22%。业内人士认为，相关数据表明 2007 年上半年国内汽车业将延续 2006 年产销两旺的趋势，呈现增产增收的盛况。

### 汽车销售开局喜人

据统计，尽管 2007 年 5 月乘用车销量较上月有不同程度的下降，但与 2006 年相比整体销售状况仍然喜人。5 月国内乘用车销售 48.85 万辆，较上月下降 10.50%，不过较去年同期却增长 23.40%，加上 1～4 月的销售，预计今年上半年汽车销量将较去年同期增长 20%以上。

### 上市公司业绩水涨船高

有关数据显示，伴随着 2007 年前 5 月汽车销售形势的良好开局，汽车类上市公司又将迎来新的收入高峰。2006年一汽海马主营业务收入为67.25亿元，净利润为4.58亿元，长安福特主营业务收入为173.33亿元，净利润13.31亿元。业内人士分析，与汽车业良好的销售势头相适应，海马股份与长安汽车也应出现业绩水平的提升。

此外，自2006年以来汽车行业上市公司整体上市蔚然成风，也增厚了公司业绩。2006年底上海汽车（股票代码600104）实施定向增发整体上市，上海大众及上海通用分别成为上海汽车持股50%的下属企业（上海汽车原持有上海通用20%股权），而长安福特为长安汽车（股票代码000625）持股50%的子公司，2006年8月盛产福美来的一汽海马通过定向增发的方式成为海马股份（股票代码000572）持股50%的子公司。目前，除一汽轿车销售公司为一汽轿车（股票代码000800）控股90%的子公司外，一汽大众与一汽轿车仅仅是同属一汽集团旗下的关联企业关系。

（资料来源：http://www.cnstock.com/newcjzh/06cjdt/2007－06/12/content_2232979.htm）

要求：结合资料，分析汽车行业上市公司的经营活动、报表项目和财务后果之间的联系。

# 第四章　资产负债表解读及分析

**学习目标**

1. 了解资产负债表的性质及作用。
2. 熟悉资产负债表的结构及具体项目。
3. 掌握对资产、负债和所有者权益的质量、结构和趋势的分析。
4. 理解反映偿债能力的各指标的内涵并进行分析。
5. 理解反映营运能力的各指标的内涵并进行分析。

**案例引入**

据上海证券报2007年10月12日报道，知情人士透露，福布斯富豪张国平控股的申达集团有限公司正遭遇前所未有的资金危机，19家债权银行组成债权人委员会，在江苏省金融办的协调下，正着手组建银团贷款，以缓解目前的资金困局。债权人委员会牵头行是中国农业银行。申达集团资金链断裂已危及其直接控制的中达股份（股票代码600074）和实质影响的＊ST申龙（股票代码600401），两家上市公司出现大量逾期贷款和逾期担保，公司股票2007年9月11日起双双紧急停牌，等待重大债务及资产重组。

申达集团债权委员会相关人士表示，申达集团及其控制的企业目前贷款规模约为60亿元，已经出现大量逾期贷款。

权威渠道提供的数据显示，仅申达集团近两个月到期的贷款就达到10笔，金额共计2.6亿元；11月到期的承兑汇票8笔，共计6 000万元；目前有效对外担保高达74笔，其中保证合同担保71笔，抵押合同担保3笔，金额分别为23.836 1亿元和1.568 3亿元。而早先一份未经审计的报告显示，截至2006年11月30日，申达集团资产总额59.157 6亿元，负债总额42.072 5亿元，股东权益仅为5.238 2亿元，资产权益比只有8.85%，资产负债率奇高。

（资料来源：http：//content. caixun. com/NE/00/g8/NE00g8hd. shtm）

会计作为一个信息系统，其最终目的是要将企业的会计信息呈报给信息使用者，这个信息呈报形式就是常说的财务报告，而财务报告中的核心内容是财务报表。那么，作为主要报表的资产负债表，能给我们信息使用者提供哪些有用的信息，这些信息有些什么特征，我们信息使用者又是怎么认识它们的？这些都是本章要解决的主要问题。

# 第一节 概 述

## 一、资产负债表的性质及作用

### （一）资产负债表的性质

资产负债表是反映企业在某一特定日期财务状况的会计报表。资产负债表是一张静态报表，它是从一个时间点上来反映的，在会计上，这个时间点通常指的是具体的某一天，也即会计报告日或“资产负债表日”。

所谓财务状况，是指企业在特定日期所控制的资产、所承担的负债和所有者拥有的权益等状况。

**知识扩展**

我国的会计年度采用公历年度，即1月1日至12月31日。因此，年度资产负债表日是指每年的12月31日，中期资产负债表日是指各会计中期期末，包括月末、季末和半年末。

### （二）资产负债表的作用

1. 为信息使用者提供企业财务状况的全貌

（1）可以提供企业对经济资源的占用情况。人们对于一个企业实力的评判最直接和最朴素的感观认知便是其规模大小，这个规模其实反映了一个企业占有经济资源的多少，而经济资源的数量体现在财务报表中，就是资产负债表中的资产总额。一般来讲，这个金额越大，说明一个企业的实力越强，反之亦然。

（2）可以了解资产的来源情况及构成。在提供了企业所控制的资产总额及其构成情况的基础上，资产负债表还向人们提供了另外一个重要的会计信息，那就是企业所占有的这些经济资源的来源情况，即负债和所有者权益两种资产来源途径在企业的资产中所占的比重。

2. 为信息使用者提供决策所需的有用信息

（1）向投资人提供其资产的保值增值信息。从企业投资者的角度来看，其所关心的首要信息是其投入企业的资金是否得到了保值和增值。投资者可以观察企业的资产总额是否比上一期增大，如果大了，则至少说明企业的经营规模在变大。但是考虑到负债的增加也能带来资产的增加，因此投资者可以进一步使用净资产的金额变动来加以判断，从而决定是收回还是继续持有甚至是追加投资。

（2）向债权人提供企业的偿债能力信息。对于企业的债权人而言，其不得不关心的一个重要内容便是该企业的偿债能力如何，企业能以何种方式来进行债务的清偿，而资产总额及资产质量是可以向债权人提供这些信息的直接指标。

（3）向国家管理部门提供其所需要的信息。政府管理部门对于资产负债表中的信息观察角度更偏重于其对于国家制订宏观经济政策的影响。因为不同经济环境下的企业资产负债项目中会出现一些具有指向性的特点，例如经济过热时期会出现普遍性的企业资产流动速度加快和存货库存减少，也就是常讲的“产销两旺”的繁荣景象。反之，企业库存积压，资产流动速度过慢，坏账现象加剧。同时，对于企业的资产负债表的监督，也可以有效减少企业偷逃税款等不利于国家管理的现象的发生。

（4）向企业管理层提供其所需要的信息。资产负债表也可以让企业管理者从中得到日常管理所需的一些重要信息，如企业资产的合理配置程度等，进而利用这些信息实现良好的资金使用效率、有效的财务风险控制等目标。同时，也有利于企业内部职工了解企业财务状况，理解管理层所作出的管理决定并保证这些管理决策能够得到有效贯彻。

除了以上常见的信息使用者之外，企业的资产负债表信息也能满足众多潜在投资者的信息需求，这些社会公众对于企业的了解是企业再筹资能力的一个重要保证。

## 二、资产负债表的结构

为了便于信息使用者认识会计信息的内容、了解其内在的逻辑关系，进而理解其表达的经济内涵，资产负债表被设计成了不同的结构或格式。资产负债表的结构有账户式、报告式和管理型三种。我国资产负债表采用的是账户式结构。

账户式资产负债表编制的依据就是前面所讲述的会计平衡公式或称会计恒等式，即“资产＝负债＋所有者权益”。在这种报表结构中，左边是资产，右边是负债和所有者权益。我们可以发现在这种报表格式中，最终的数据总额存在左右相等的情况，这为会计报表的编制者提供了一种日常核算验证其是否正确编制的方法；同时它也体现了资产来源与资产占用这一对具有互相恒等关系的会计事物，这能够让会计信息使用者较为容易地理解这张会计报表所要体现的会计信息。

资产负债表各个项目按照流动性由强到弱排列。对于资产和负债，流动性分别有不同的含义。资产的流动性是指资产的变现能力，即资产变成现金的能力，资产变现能力越强，流动性就越强。例如，货币资金本身就是现金，不存在变现问题，所以，它在资产负债表中排列第一；应收票据和应收账款可以在较短的时间内转变成现金，原材料、产成品、库存商品变成现金的时间更长一些，所以，要往后排。负债的流动性是指负债的偿还期限，偿还期越短的负债，流动性越强，所以，短期借款比长期借款排在前面。

此外，为了使报表使用者通过比较不同时点财务状况，判断企业财务状况的未来发展趋势，企业需要提供比较资产负债表，因此，资产负债表还就各项目再分为“期末余额”和“年初余额”两栏分别填列。

资产负债表的具体格式见表 4－1。

## 三、资产负债表主要项目

部分资产项目，如固定资产、无形资产以及所有者权益项目，在第二章已有介绍。

### （一）资产项目

流动资产则是在一年之内或长于一年的营业周期之内变现的资产，常见的流动资产有

**表 4－1** **资产负债表**

编制单位 年 月 日 单位：元

| 资　产 | 期末余额 | 年初余额 | 负债和所有者权益（或股东权益） | 期末余额 | 年初余额 |
|---|---|---|---|---|---|
| 流动资产： | | | 流动负债： | | |
| 货币资金 | 2 544 331 | 2 092 977 | 短期借款 | | |
| 交易性金融资产 | 202 439 | 307 483 | 交易性金融负债 | | |
| 应收账款 | 313 959 | 344 787 | 应付账款 | 923 605 | 519 270 |
| 应收票据 | 1 041 052 | 956 715 | 应付票据 | 1 262 112 | 1 044 123 |
| 预付款项 | 9 565 | 2 471 | 预收账款 | 29 914 | 5 668 |
| 应收利息 | 5 063 | 10 724 | 应付职工薪酬 | 29 859 | 52 637 |
| 应收股利 | | | 应交税费 | —30 524 | 198 194 |
| 其他应收款 | 25 261 | 80 558 | 应付利息 | | |
| 存货 | 328 401 | 257 102 | 应付股利 | | |
| 一年内到期的非流动资产 | | | 其他应付款 | 97 086 | 54 558 |
| 其他流动资产 | | | 一年内到期的非流动负债 | | |
| 流动资产合计 | 4 470 071 | 4 052 817 | 其他流动负债 | 41 667 | 64 550 |
| 非流动资产： | | | 流动负债合计 | 2 353 719 | 1 939 000 |
| 可供出售金融资产 | | | 非流动负债： | | |
| 持有至到期投资 | 50 000 | 50 000 | 长期借款 | | |
| 长期应收款 | | | 应付债券 | | |
| 长期股权投资 | 1 174 337 | 1 067 362 | 长期应付款 | | |
| 投资性房地产 | | | 递延所得税负债 | | |
| 固定资产 | 1 028 108 | 937 526 | 其他非流动负债 | | |
| 在建工程 | 144 648 | 97 918 | 非流动负债合计 | | |
| 工程物资 | | | 负债合计 | 2 353 719 | 1 939 000 |
| 固定资产清理 | | | 所有者权益： | | |
| 无形资产 | 107 736 | 21 592 | 实收资本（股本） | 2 000 000 | 2 000 000 |
| 长期待摊费用 | | | 资本公积 | 636 904 | 630 952 |
| 递延所得税资产 | | | 盈余公积 | 494 141 | 436 089 |
| 其他非流动资产 | | | 未分配利润 | 1 400 136 | 1 221 174 |
| 非流动资产合计 | 2 414 829 | 2 174 398 | 所有者权益合计 | 4 531 181 | 4 288 215 |
| 资产总计 | 6 884 900 | 6 227 215 | 负债和所有者权益总计 | 6 884 900 | 6 227 215 |

现金、银行存款、应收账款、交易性金融资产、存货、预付账款等。与流动资产相对应的则是非流动资产，也就是其变现时间超过了一年或长于一年的营业周期，常见的非流动资产有固定资产、在建工程、无形资产、长期股权投资、长期应收款，投资性房地产等。

1. 货币资金

货币资金是企业流动性最强的资产，包括库存现金、银行存款和其他货币资金。其他货币资金主要有银行汇票存款、银行本票存款、信用卡存款等。

2. 证券投资类

股票投资和债权投资按照不同的持有意图分为交易性金融资产、持有至到期投资、可供出售金融资产和长期股权投资。

**知识扩展**

交易性金融资产是指准备短期持有的股票投资和债券投资。

持有至到期投资，主要是指准备持有到期的长期债券投资。

可供出售金融资产主要包括两类：①不准备持有至到期的长期债券投资；②无重大影响、有公允价值且准备长期持有的长期股票投资。

其余的长期股票投资，即“控制”或“共同控制”或“重大影响”或“无重大影响且无公允价值”情形，均在“长期股权投资”项目核算。

3. 应收及预付款项

应收款项是指企业因销售商品、提供劳务等而应向购买单位收取的各种款项或者由其他事项产生的应收款，包括应收账款、应收票据、应收利息、其他应收账款等。预付款项是指企业按照购货合同规定预付给供货单位的款项，主要包括预付账款。

4. 存货

存货是指企业在生产经营过程中为销售或耗用而储存的各种有形资产，包括各种原材料、包装物、低值易耗品、产成品等。存货作为一项重要的流动资产，它区别于固定资产，而非流动资产的最基本特征在于企业持有存货的最终目的是为了出售。

5. 长期待摊费用

长期待摊费用反映企业已经支付或发生的，但应当由本期和以后各期负担的，分摊期限不小于一年的各项费用，包括固定资产大修理支出、租入固定资产改良支出等。

### (二) 负债项目

相对应地，企业的负债也分为流动与非流动性两类。

1. 流动负债项目

流动负债包括短期借款、应付及预收款项、应付职工薪酬、应交税费等。

短期借款是指企业向银行或其他金融机构等借入的期限在一年以下(含一年)的各种借款。

应付票据是指因购买材料、商品或接受劳务供应等发生短期债务时，针对该债务开具并承兑的商业汇票，包括商业承兑汇票和银行承兑汇票。

预收款项是指企业因销售商品、提供劳务而预先向客户收取的款项。但在买方市场条件下，该项目一般金额不大。

应交税费反映的是企业按照税法规定计算并交纳的各种税费。除了少数税种，如印花税和耕地占用税等不需要通过该项目反映，企业应交而尚未交纳的其他大部分税款以及教育费附加、矿产资源补偿费等都需要通过该项目予以列示。应交税费和应付职工薪酬等其他流动负债一样，都是企业“眼下”需要偿付的义务。

2. 非流动负债项目

非流动负债就是长期负债，主要包括长期借款、应付债券、长期应付款。

长期借款，是指企业从银行或其他金融机构借入的期限在一年以上（不含一年）的借款。应付债券，是指企业发行的超过一年期以上的债券的本息，构成了企业的长期负债。长期应付款，是指企业除长期借款和应付债券以外的其他各种长期应付款项，包括应付融资租入固定资产的租赁费、以分期付款方式购入固定资产发生的应付款项等。

**知识扩展**

融资租赁通常的做法是出租人出资购买承租人选定的技术设备或其他物资，作为租赁物出租给承租人，承租人按合同约定取得租赁物的长期使用权，在承租期间，按合同约定的期限支付租金，租赁期满按合同约定的方式处置租赁物。该方式具有融资与融物的特点，是企业融资渠道的一种。

# 第二节　资产负债表解读

对资产负债表的解读与分析包括对资产负债表的质量解读、结构解读和趋势解读。

## 一、对资产负债表的质量解读

对资产负债表质量的解读与分析就是对企业财务状况的质量进行分析。

### （一）资产质量解读

是不是一个企业所有的资产金额都是越大越好？答案是否定的，并非所有的资产金额越大，就能给企业带来大的收益能力，这还要取决于资产质量如何。资产质量是指企业资产盈利性、流动性和安全性的综合水平。

1. 货币资金

货币资金构成企业的"血液"，也是现金流量表中所谓的"现金"的主体。

**相关链接**

**"现金为王"的财务管理思想**

美国汽车业三大巨头因为巨额债务无法偿还陷入破产边缘。

中国房地产领头者万科继持现金为王的策略，其货币资金持有量从 2007 年的 170 万亿元增加到 2008 年第三季度末的 199 亿元，增幅达 16.99%。

2008 年度最佳企业的 CEO 一直认为，"面对金融危机，现金是最好的过冬棉袄"。

（资料来源：豆丁网）

但是，货币资金并不是多多益善，相反，货币资金占压过多，反而意味着企业资金运作效率和水平较低，因为货币资金本身意味着机会成本。企业应当根据自身需求，确定一个最佳货币资金持有量，以合理调度货币资金余缺，避免货币资金过多降低盈利能力或者过少增加流动性风险而给企业造成的不良后果。

2. 交易性金融资产

在分析时应关注划分为该类别的资产是否与上述持有目的相符；关注该资产在分析时的公允价值与报表上的数据是否一致。

3. 应收票据

在分析时应关注企业持有的票据类型，是商业承兑汇票还是银行承兑汇票。若是银行承兑汇票，则应收票据的质量是可靠的，但如果是商业承兑汇票，应关注企业债务人的信用状况，是否存在到期不能偿付的可能。

4. 应收账款

应收账款分析应与主营业务收入分析、现金流分析联系起来。正常的情况是销售增加引起应收账款增加，现金的存量和经营现金流量也会随之增加。如果一个企业应收账款日益增加，而销售和现金日益减少，则企业的营销政策就可能已出现问题，甚至变得比较可疑，有虚构收入操纵利润之嫌疑。具体而言，对其质量的判断应从应收账款账龄、坏账准备的提取比例等几个方面进行，例如应收账款账龄越长，发生坏账的可能性就越大；观察坏账计提方法是否在不同期间保持一致，计提比率是否恰当，是否有利用坏账调节利润的行为。

**相关链接**

**哈空调：坏账计提方法变更推高公司净利润**

2008 年 3 月 12 日，哈空调（股票代码 600202）在其公布的 2007 年年报中因变更应收账款坏账计提方法导致净利润增加 4116.54 万元，占净利润总额的 17.47%。这一计提方法引发市场高度关注。这是 2008 年首例非金融类上市公司使用金融类上市公司会计方法来计算利润。

哈空调 2007 年报显示，该公司全年实现主营业务收入 12.15 亿元，同比增长 44.61%，主营业务利润 2.92 亿元，同比增长 37.72%；净利润 2.36 亿元，同比增长 118.98%。

年报表示，业绩增长的主要原因是销售收入增长，同时特别强调，“由于会计估计变更，即对应收账款坏账准备的计提方法由账龄分析法变更为迁移模型法。关于“迁移模型”这种生僻的计提方法，哈空调在年报中解释说，对单项金额重大的应收款项，即应收账款余额前十名，公司单独进行减值测试；对于单项金额非重大和经单独测试后未发生减值的单项金额重大的应收账款，公司按评估的信用风险划分为正常、关注、次级、可疑、损失五类，分别计算坏账损失。

哈空调的会计估计变更，在行业中极为少见。此举令哈空调失去与同行业在应收账款方面的可比性。“这个明显是打了一个擦边球”，业内专业人士分析指出，在 2008 年新的会计准则颁布之后，这是首例。

（资料来源：http：//www.ce.cn/cysc/zgjd/kx/200803/17/t20080317_14862912.shtml）

5. 其他应收款

在分析时应关注其金额。如果过大，多属不正常现象，需要警惕企业变相的资金拆借行为，此时应当深入了解相应资金的安全性。

**相关链接**

### 资产负债表上的“其他”玄机

在资产负债表上，有一些以“其他”开头的科目，这些科目就像是个大筐，收录了企业那些无法明确归类的经济活动。一般来说，这些科目涉及的金额都比较小，因此在财务分析以及绩效预测中常常做简化处理，将其视为普通的流动资产或者流动负债，甚至忽略不计。但当一些公司的这些“其他”项从配角变身为主角，其绝对金额在总资产中占据相当比重时，就需睁大双眼，仔细端详背后玄机了。

以其他应收款为例，典型的其他应收款是关联方占款。位居第一的国药科技（股票代码 600421）和位居第二的 S 三九（股票代码 000999）都属于这种情况。从 2004 年开始，国药科技其他应收款就以惊人的速度不断攀升，从 2003 年的 2 200 万元增至 2006 年的 2.28 亿元，而从 2005 年开始，以其他应收款而计提的资产减值损失也开始迅速上涨，2005 年为 442 万元，2006 年近 1 500 万元，2007 年资产减值达 3.48 亿元，企业进入崩溃边缘。

一般来说，当关联方占款在财务报表中大量体现时，该公司往往已病入膏肓，这些东西表面上虽为资产，实质上更可能是损失，资金已经转移，公司已被掏空。对于那些其他应收款发生不正常变化而公司又没有披露其详情时，一定要引起足够注意，这种情况也可能在应收账款中按照同样逻辑发生。

（资料来源：证券市场周刊）

6. 存货

对存货的分析应主要从以下几个方面考虑：①当存货存在减值迹象时，应当观察企业存货跌价准备是否充分计提；②存货的周转状况，这是判断存货质量高低的重要标准；③存货构成。

7. 长期股权投资

长期股权投资涉及企业的经营发展战略，且有较高的风险，所以应分析长期股权投资的投资方向、投资规模等是否与企业的总体发展目标和经营方针一致，投资构成是否合理，以评价企业长期股权投资的质量和风险。另需判断长期股权投资减值准备的计提是否充分。

8. 固定资产

固定资产质量分析时应注意的问题有：①应当关注固定资产规模的合理性。固定资产的规模须和企业经营的总体规模、产品的市场前景及企业所处的发展阶段等相适应，也应和流动资产的规模保持合理的比例关系；②固定资产的结构、使用率、更新改造情况；③固定资产的折旧政策。

9. 长期待摊费用

在分析时，对于较大金额的长期待摊费用应予以重视，观察企业是否将一些费用递延到后期处理，以达到粉饰现时报表或者有意识地进行平滑收益和盈余管理的目的。

### （二）负债质量解读

1. 流动负债质量分析

流动负债具有偿还期限短、偿还金额明确的特点，其质量分析要点如下：①分析流动负债的构成、性质、数额和偿还期限，衡量企业的财务风险；②将流动负债与流动资产进行比较，反映企业的短期偿债能力。

与前文对于其他应收款的分析类似，其他应付款作为一种往来结算款项，财务报告使用者需要警惕企业变相的资金拆借和不合理的资金占用行为。

2. 非流动负债质量分析

非流动负债是企业很重要的一项资金来源，企业能够长期占用的资金主要有投资者投入的资本和非流动负债。良好的负债经营，既能利用长期借款弥补资金缺口获得财务杠杆收益，而又不至于因此使企业陷入财务困境。因此，分析非流动负债，关键是要考察企业是否适度负债。

**【实例4-1】 盲目扩张的大宇集团**

韩国的大宇集团曾经为仅次于现代集团的韩国第二大企业，世界20家大企业之一，资产达650亿美元。但该集团却在20世纪90年代末期的金融危机中轰然倒闭。超速发展的背后，是大宇集团背负了高额的债务。在1999年，经营不善、资不抵债的大宇集团不得不走上破产清算这一步。2000年12月，大宇汽车亦宣告破产。“高额负债，资不抵债”只是表面现象，更深一步的是当初的决策失误。金融危机爆发初期，韩国五大企业作出了不同的决策，其中四家企业选择了减少投资、降低负债和减少利息支出，最大限度地保证现金流，得以在危机中生存了下来。相反，大宇集团选择了规模扩张，跨行业、跨地区、跨国家地兼并办厂，认为只要做大盘子，“捡到篮里便是菜”，结果在金融危机的影响下，企业因经营不理想而导致最终破产。

在这里，我们应关注企业负债经营与财务风险的关系，以及负债经营失败带来的后果。

### （三）所有者权益质量解读

对所有制权益的分析有助于投资者的决策，所以应关注所有者权益的增减变动。

1. 实收资本（或股本）

除非发生减资或企业清算，否则实收资本的金额一般来说保持不变。分析时，关注该项目的两个情况：第一，企业在初始成立时，注册资本是否已经到位，如果没有，应查明资本金未到位的原因，查清企业注册资本是否可靠；第二，企业接受的投资如果是非货币性资产，应分析该资产的公允价值是否与投资双方达成的合同金额相符，是否存在高估资产而导致企业资本缩水的情况。

2. 资本公积

资本公积包括的事项比较广泛，另外资本公积是实收资本的准备项目，可以转增资本等。鉴于资本公积的复杂性，我们应当仔细分析其构成，是否企业把一些其他项目混入资本公积之中，造成企业资产负债率的下降。

3. 留存收益

留存收益能够为企业的再发展提供资金来源，同时可以增加企业的净资产，增强企业的信用能力。对于留存收益的分析应结合企业历年的利润及其分配政策，关注留存收益的构成及变化。

## 二、对资产负债表的结构解读

资产负债表结构就是指资产负债表中各项目金额之间的相互关系。资产负债表结构分析就是对这种关系进行分析，从而对企业整体财务状况做出判断。资产负债表结构分析包括两个方面：第一是观察各个项目相对于总体的比例或比重，最常用的方式就是建立共同比资产负债表；第二是观察各个项目之间的比例和结构，最重要的是资产结构和资本结构的解读。资产负债表的结构分析还可以结合趋势分析，查看各种结构在连续期间的变化。

### （一）共同比资产负债表

采用表 4－1 的资料，编制共同比资产负债表，见表 4－2。

**表 4－2　　共同比资产负债表**

| 资　产 | 本年数（元） | 上年数（元） | 占总计数百分比 | | 比例增减（%） | 结构排序 |
|---|---|---|---|---|---|---|
| | | | 本年结构（%） | 上年结构（%） | | |
| 流动资产： | | | | | | |
| 货币资金 | 254 433 | 2 092 977 | 3.7 | 33.6 | －29.9 | 13 |
| 交易性金融资产 | 202 439 | 307 483 | 2.9 | 4.9 | －2.0 | 9 |
| 应收账款 | 313 959 | 344 787 | 4.6 | 5.5 | －1.0 | 7 |
| 应收票据 | 1 041 052 | 956 715 | 15.1 | 15.4 | －0.2 | 4 |
| 预付款项 | 9 565 | 2 471 | 0.1 | 0.0 | 0.1 | 14 |
| 应收利息 | 5 063 | 10 724 | 0.1 | 0.2 | －0.1 | 15 |
| 应收股利 | | | 0.0 | 0.0 | 0.0 | |
| 其他应收款 | 25 261 | 80 558 | 0.4 | 1.3 | －0.9 | 13 |
| 存货 | 328 401 | 257 102 | 4.8 | 4.1 | 0.6 | 6 |
| 一年内到期的非流动资产 | | | 0.0 | 0.0 | 0.0 | |
| 其他流动资产 | | | 0.0 | 0.0 | 0.0 | |
| 流动资产合计 | 4 470 071 | 4 052 817 | 64.9 | 65.1 | －0.2 | 1 |
| 非流动资产： | | | 0.0 | 0.0 | 0.0 | |
| 可供出售金融资产 | | | 0.0 | 0.0 | 0.0 | |
| 持有至到期投资 | 50 000 | 50 000 | 0.7 | 0.8 | －0.1 | 12 |
| 长期应收款 | | | 0.0 | 0.0 | 0.0 | |
| 长期股权投资 | 1 174 337 | 1 067 362 | 17.1 | 17.1 | －0.1 | 3 |
| 投资性房地产 | | | 0.0 | 0.0 | 0.0 | |
| 固定资产 | 1 028 108 | 937 526 | 14.9 | 15.1 | －0.1 | 5 |
| 在建工程 | 144 648 | 97 918 | 2.1 | 1.6 | 0.5 | 10 |
| 工程物资 | | | 0.0 | 0.0 | 0.0 | |

续表

| 资　产 | 本年数（元） | 上年数（元） | 占总计数百分比 | | 比例增减（%） | 结构排序 |
|---|---|---|---|---|---|---|
| | | | 本年结构（%） | 上年结构（%） | | |
| 固定资产清理 | | | 0.0 | 0.0 | 0.0 | |
| 无形资产 | 107 736 | 21 592 | 1.6 | 0.3 | 1.2 | 11 |
| 长期待摊费用 | | | 0.0 | 0.0 | 0.0 | |
| 递延所得税资产 | | | 0.0 | 0.0 | 0.0 | |
| 其他非流动资产 | | | 0.0 | 0.0 | 0.0 | |
| 非流动资产合计 | 2 414 829 | 2 174 398 | 35.1 | 34.9 | 0.2 | 2 |
| 资产总计 | 6 884 900 | 6 227 215 | 100.0 | 100.0 | | |
| 流动负债： | | | | | | |
| 短期借款 | | | | | | |
| 交易性金融负债 | | | | | | |
| 应付账款 | 923 605 | 519 270 | 13.4 | 8.3 | 5.1 | 7 |
| 应付票据 | 1 262 112 | 1 044 123 | 18.3 | 16.8 | 1.6 | 6 |
| 预收账款 | 29 914 | 5 668 | 0.4 | 0.1 | 0.3 | 13 |
| 应付职工薪酬 | 29 859 | 52 637 | 0.4 | 0.8 | −0.4 | 14 |
| 应交税费 | −30 524 | 198 194 | −0.4 | 3.2 | −3.6 | 12 |
| 应付利息 | | | 0.0 | 0.0 | 0.0 | |
| 应付股利 | | | 0.0 | 0.0 | 0.0 | |
| 其他应付款 | 97 086 | 54 558 | 1.4 | 0.9 | 0.5 | 10 |
| 一年内到期的非流动负债 | | | 0.0 | 0.0 | 0.0 | |
| 其他流动负债 | 41 667 | 64 550 | 0.6 | 1.0 | −0.4 | 11 |
| 流动负债合计 | 2 353 719 | 1 939 000 | 34.2 | 31.1 | 3.0 | 2 |
| 非流动负债： | | | 0.0 | 0.0 | 0.0 | |
| 长期借款 | | | 0.0 | 0.0 | 0.0 | |
| 应付债券 | | | 0.0 | 0.0 | 0.0 | |
| 长期应付款 | | | 0.0 | 0.0 | 0.0 | |
| 递延所得税负债 | | | 0.0 | 0.0 | 0.0 | |
| 其他非流动负债 | | | 0.0 | 0.0 | 0.0 | |
| 非流动负债合计 | | | 0.0 | 0.0 | 0.0 | |
| 负债合计 | 2 353 719 | 1 939 000 | 34.2 | 31.1 | 3.0 | 2 |
| 所有者权益： | | | 0.0 | 0.0 | 0.0 | |
| 实收资本（股本） | 2 000 000 | 2 000 000 | 29.0 | 32.1 | −3.1 | 4 |
| 资本公积 | 636 904 | 630 952 | 9.3 | 10.1 | −0.9 | 8 |
| 盈余公积 | 494 141 | 436 089 | 7.2 | 7.0 | 0.2 | 9 |
| 未分配利润 | 1 400 136 | 1 221 174 | 20.3 | 19.6 | 0.7 | 5 |
| 所有者权益合计 | 4 531 181 | 4 288 215 | 65.8 | 68.9 | −3.0 | 1 |
| 负债和所有者权益总计 | 6 884 900 | 6 227 215 | 100.0 | 100.0 | | |

## (二) 资产结构和资本结构分析

资产负债表结构包括多种，如资产结构、资本结构、所有者权益结构、负债结构等，其中最重要的是企业的资产结构和资本结构。

1. 资产结构

资产结构是企业在某个时点上资产的各个组成项目的排列和搭配关系。企业如果希望持续稳定地盈利，其资金必须均衡配置在不同的资产项下。资产负债表中资产的排列顺序是按照流动性进行的，企业获利性较强的资产是长期资产，但是流动资产又是不可或缺的，两者相互配合才能产生较强的生产经营能力。

资产结构，主要反映流动资产和非流动性资产之间的比例关系，对应的一个重要指标是流动资产率，其计算公式为：

流动资产率＝流动资产总额÷资产总额

一般来说，流动资产率越大，说明流动资产占资产总额的比例越高，即企业的日常生产经营活动越重要，所需要的流动资金越多。

一个企业的资产结构的高低，与企业所在行业的特点、不同生命周期和经营管理特点有关。例如，商业企业的流动资产往往大于非流动资产，商业批发企业的流动资产率甚至可高达90％以上。又如，在企业产品市场需求旺盛或扩大经营规模的时期，企业投入当期生产经营活动的资金要比其他企业、其他时期投入得多。除了上述三个因素外，资产结构还与管理层的风险态度有很大联系，与之相适应存在三种资产结构：保守型资产结构、适中型资产结构和激进型资产结构。保守型资产结构是指企业为了回避财务风险和经营风险，持有数量较大的流动资产，其中货币资金和交易性金融资产的比重较其他企业要大；适中型资产结构是指企业将流动资产和长期资产保持在适中的水平上；激进型资产结构持有的流动资产进一步减少，长期资产比重增加，这样当然在增加企业风险的同时也增加了企业的盈利能力。

**【实例4－2】 北纬通信2007年资产负债率为2.7％**

北纬通信（股票代码002148）是2007年8月上市的A股首家移动增值服务提供商，是一家基本不依靠银行贷款维持经营的企业。2005年资产负债率为6.25％，2006年为19.20％，2007年资产负债率为2.7％。过去三年间，北纬通信仅在2006年向银行借款1 500万元，其短期借款、交易性金融负债、应付票据、应收账款、预收款项皆为零。而在流动资产中，应收账款略微下降，账龄在一年内的占到90.93％。货币资金占公司资产比例达12.04％。

公司连线：行业特性决定信息服务行业现金流较好。大多数项目资金来源于经营利润。

（资料来源：http：//finance.ifeng.com/zq/ssgs/20080331/113763.shtml）

可以看出，北纬通信资产结构属于保守型。当然该公司低的资产负债率与其行业特性有关，所属的信息服务行业现金流较好。

2. 资本结构

资本结构是指企业各项资金筹集来源的构成及其比例关系。广义的资本结构是指企业内部资本的构成，包括企业负债与所有者权益之间的比率关系、债务结构、所有权结构等；狭义的资本结构仅指企业债务与所有者权益之间的比值。

企业在选择资本结构时需要综合考虑各种筹资方式的风险和成本，并进行权衡考虑。一般而言，负债的资本成本相对较低，同时债务利息还可以抵税，因此从资本成本考虑，负债融资就成为企业的首选，但是负债融资会导致企业财务风险上升，如果未来企业盈利能力下降，不能按时还本付息，企业将陷入财务危机的境地。企业内部融资和外部股权融资的资本成本较高，但因为不需要归还本金，因此，企业适合使用这些融资来源的资金进行长期投资，增加自身的规模和产能。

与资产结构一样，企业资本结构也有三种类型：第一，保守型资本结构，在这种资本结构下，企业的财务风险相对较小，资本成本较高。在选择融资方式时，会有更多使用权益融资，即使在债务融资中，也以中长期债务为主；第二，适中型资本结构，在该种资本结构下，企业一般使用流动负债解决流动资金需求，使用权益资金或长期债务支持长期资金需求；第三，风险型资本结构，在该结构下，权益资金较少，企业负债率比较高，同时企业还使用流动负债支持长期资金需求，这样，企业可以承担较少的资本成本，如果其投资收益足够高，是可以使用这种资本结构以实现股东收益最大化的。

**【实例 4－3】　保利地产巨额增发摊薄负债率**

2007 年多家房地产公司的资产负债率出现明显上升，而保利地产（股票代码 600048）却明显下降，从 2005 年的 84.99％、2006 年的 75.66％，一直到 2007 年的 68.62％。2007 年保利地产的负债合计达到 280.60 亿元，比前年同期增长 124.67％，其中银行贷款占到 34％左右。但在 68 亿元高额增发再融资后，负债率不升反降。但同时，该公司净资产收益率在扣除非经常性损益后，连续大幅下降，近三年分别为 53.61％、28.86％、15.87％。

（资料来源：http：//finance. ifeng. com/zq/ssgs/20080331/113763. shtml）

可以看出，资产负债率下降的主要原因是 2006 年巨额融资。

## 三、资产负债表趋势分析

资产负债表的趋势分析，指的是对资产、负债和所有者权益项目作绝对数额趋势、环比、定基分析。以下以万科 A（股票代码 000002）的存货指标为例，进行绝对数额的分析。

**【实例 4－4】　万科 A 存货变化趋势分析**

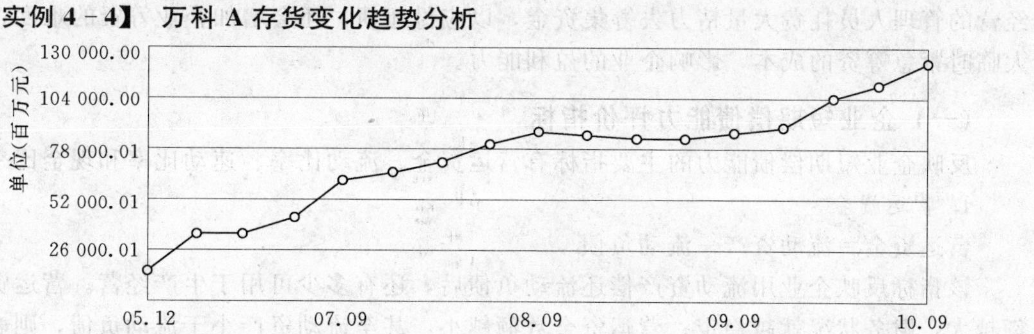


图 4－1　万科 A 存货变化趋势图

表 4-3　　　　万科 A 存货变化表　　　　单位：元

| 报告期（年．月．日） | 本期金额 | 比上期变化 |
|---|---|---|
| 2010.9.30 | 123 196 000 000 | ↑11 665 000 000 |
| 2010.6.30 | 111 531 000 000 | ↑8 019 000 000 |
| 2010.3.31 | 103 512 000 000 | ↑13 426 700 000 |
| 2009.12.31 | 90 085 300 000 | ↑3 333 100 000 |
| 2009.9.30 | 86 752 200 000 | ↑2 586 400 000 |
| 2009.6.30 | 84 165 800 000 | ↓89 600 000 |
| 2009.3.31 | 84 255 400 000 | ↓1 643 300 000 |
| 2008.12.31 | 85 898 700 000 | ↓1 476 900 000 |
| 2007.12.31 | 66 472 900 000 | ↑3 582 400 000 |
| 2006.12.31 | 34 167 100 000 | ↑17 880 200 000 |

# 第三节　偿债能力分析

> **提示：**
> 对于本教材中所提到的各种财务指标，在一般的股票软件中都有提供。因此，作为普通投资者，并不要求进行计算，只要理解财务指标的内涵并会加以分析即可。

在上节对资产负债表进行透彻地解读的基础上，下面我们将进行财务能力的分析。资产负债表主要涉及偿债能力和营运能力两个方面财务能力的分析。

偿债能力是指企业如期偿付债务的能力，是反映企业财务状况和经营能力的重要标志。企业偿债能力低不仅说明企业资金紧张，难以支付日常经营支出，而且说明企业资金周转不灵，难以偿还到期债务，甚至面临破产危险。企业偿债能力分析包括短期偿债能力分析和长期偿债能力分析。

## 一、企业短期偿债能力分析

短期偿债能力是指企业以流动资产偿还流动负债的能力，它反映企业偿付日常到期债务的能力。对债权人来说，企业要具有充分的偿还能力才能保证其债权的安全，按期取得利息，到期收回本金；对投资者来说，如果企业的短期偿债能力发生问题，就会牵制企业经营的管理人员耗费大量精力去筹集资金，以应付还债，还会增加企业筹资的难度，或加大临时紧急筹资的成本，影响企业的盈利能力。

### （一）企业短期偿债能力评价指标

反映企业短期偿债能力的主要指标有营运资金、流动比率、速动比率和现金比率等。

1. 营运资金

营运资金＝流动资产－流动负债

该指标反映企业用流动资产偿还流动负债后，还有多少可用于生产经营。营运资金数额越大，财务状况就越稳定；营运资金数额越小，甚至流动资产小于流动负债，则表明企业偿债所需现金不足，财务状况不稳定。需注意的是，由于营运资金是绝对数，因此在规模不同的企业间比较营运资金指标是无意义的。营运资金一般应与企业以前年度的数额进行比较分析，以确定其是否合理。

**【实例 4－5】**

以表 4－1 中数据为例，企业的营运资金为：

年初营运资金＝4 052 817－1 939 000＝2 113 817(元)

年末营运资金＝4 470 071－2 353 719＝2 116 352(元)

2009 年与 2008 年相比，尽管营运资金绝对数增加，但是流动负债的增加速度（增长 21%）超过流动资产（增长 10%），即事实上的偿债能力降低了。

2. 流动比率

流动比率是衡量企业短期偿债能力最常用的指标，其计算公式为：

流动比率＝流动资产÷流动负债

从这个指标来看，其比率越大，说明企业的流动资产超出流动负债的比例越高，企业短期偿债能力就越强。对于该指标的分析不能仅局限于一次性分析，应通过其在不同期间或是同一期间的首尾之间发生的变化来判断企业短期偿债能力的变化情况。对流动比率指标，人们的经验数据是 2∶1，但也不尽然，还要看企业所处的行业及日常的现金流量情况而定，如果企业平时的现金流较为充足，如收款能力较强的电力、能源行业，就应再降低甚至可以达到 1∶1。

**【实例 4－6】**

以表 4－1 中数据为例，企业的流动比率为：

年初流动比率＝4 052 817÷1 939 000＝2.09

年末流动比率＝4 470 071÷2 353 719＝1.9

从比较得知，企业的流动比率出现明显下降，意味着企业的偿债能力出现了明显下滑。

流动比率虽然可以用来评价流动资产总体的变现能力，但流动资产中包含像存货这类变现能力较差的资产，如能将其剔除，其所反映的短期偿债能力更加令人可信，这个指标就是速动比率。

3. 速动比率

速动资产是指企业流动资产中变现能力较强的那部分资产，通常从流动资产中剔除了变现能力较差的存货等项目。这主要是因为企业存货的变现是要以销售为前提的，如果存在存货的积压情况，其偿还能力其实是很低的。

速动比率是反映速动资产与流动负债之间的比率。其计算公式为：

速动比率＝速动资产÷流动负债

一般认为速动比率过低，企业面临偿债风险；但速动比率过高，会因占用现金及应收账款过多而增加企业的机会成本。一般认为存货金额占流动资产的一半左右，因此对速动比率指标，人们的经验数据是 1∶1。但事实上也不尽然，还要看企业所处的行业及日常的现金流量情况而定。

**【实例 4－7】**

以表 4－1 中数据为例，企业的速动比率为：

年初速动比率=(4 052 817 — 257 102)÷1 939 000=1.96

年末速动比率=(4 470 071 — 328 401)÷2 353 719=1.76

从比较得知，企业的速动比率有所下降，意味着企业的短期偿债能力出现了下滑。

在一般情况下，影响速动比率可信度的重要因素是应收账款的变现能力。账面上的应收账款不一定按时都能变成现金。因此，我们还必须计算第三个重要比率——现金比率。

4. 现金比率

现金比率是企业现金类资产与流动负债的比率。现金类资产最能反映企业直接偿付流动负债的能力，包括企业所拥有的现金和交易性金融资产。现金比率计算公式为：

现金比率=(现金+交易性金融资产)÷流动负债

**【实例 4-8】**

以表 4-1 中数据为例，企业的现金比率为：

年初现金比率=(2 092 977+307 483)÷2 353 719=1.02

年末现金比率=(2 544 331+202 439)÷1 939 000=1.42

从比较得知，企业的现金比率反而有所上升。

现金比率反映了企业在最坏情况下的偿付能力，在企业应收账款和存货变现能力较弱的情况下有较大的意义。但这一比率过高，却使资金闲置，违背负债的初衷，并增加企业的利息成本，降低企业的获利能力，因此现金比率并不是越高越好。

### (二) 影响企业短期偿债能力的其他因素

上述评价短期偿债能力的财务指标，都是根据财务报表中的数据计算的。同时，还有许多财务报表中没有反映出来的因素也会影响企业的短期偿债能力，投资者主要可以从以下这些方面来分析。

提高企业短期偿债能力的表外因素主要有：

(1) 可动用的银行贷款指标。银行已同意、但企业尚未办理贷款手续的银行贷款限款，可以随时增加企业的现金，提高企业的支付能力。

(2) 准备很快变现的长期资产。由于某种原因，企业可能将一些长期资产很快出售变成现金，以增加企业的短期偿债能力。

(3) 偿债的信誉。如果企业的长期偿债能力一贯很好，即企业信用良好，当企业短期偿债方面暂出现困难时，企业可以很快地通过发行债券和股票等方法来解决短期资金短缺，提高短期偿债能力。这种提高企业偿债能力的因素，取决于企业自身的信用状况和资本市场的筹资环境。

以上三方面的因素，都能使企业流动资产的实际偿债能力高于企业财务报表中所反映的偿债能力。

降低企业短期偿债能力的因素主要是或有负债。或有负债是指有可能发生的债务。这种负债，按照我国准则规定是不作为负债登记入账，也不在财务报表中反映的。这些或有负债一经确认，将会增加企业的偿债负担，如担保责任引起的负债。企业有可能以自己的一些流动资产为他人提供担保，如为他人向银行等金融机构借款提供担保等。这种担保有可能成为企业的负债，从而增加企业的偿债负担。

## 二、企业长期偿债能力分析

长期偿债能力是指企业偿还长期债务的能力，相对于短期偿债能力而言，其更看重企业未来的发展及终极偿还能力。长期偿债能力分析是企业的债权人、投资者、经营者等各方面都十分关注的重要问题。

### （一）企业长期偿债能力评价指标

反映企业长期偿债能力的主要指标有资产负债率、产权比率、速动比率和现金比率等。

1. 资产负债率

企业的资产负债率是指企业的负债总额与资产总额的比率，其计算公式为：

资产负债率＝负债总额÷资产总额×100％

**【实例 4－9】**

以表 4－1 中数据为例，企业的资产负债率为：

年初资产负债比率＝1 939 000÷6 227 215×100％＝31.13％

年末资产负债比率＝2 353 719÷6 884 900×100％＝34.19％

可以看出，企业年初、年末资产负债比率都不是很高，表明企业财务资本结构良好。同时，企业 2009 年提高了财务杠杆，期末资产负债率比期初的增加了 3％。

资产负债率反映了债权人所提供的资金占全部资金的比重，即企业的资本结构状况，该比率越高，表明企业偿还长期债务的能力越差；反之，企业偿还长期债务的能力越强。其实，要判断资产负债率是否合理，首先要看你站在谁的立场。资产负债率这个指标反映债权人所提供的资本占全部资本的比例，也被称为举债经营比率。

（1）从债权人的立场看。他们最关心的是贷给企业的款项的安全程度，也就是能否按期收回本金和利息。如果股东提供的资本与企业资本总额相比，只占较小的比例，则企业的风险将主要由债权人负担，这对债权人来讲是不利的。因此，从债权人的立场看，资产负债率代表企业资产对债权人权益的保障程度，当然，他们希望债务比例越低越好，企业偿债有保证，贷款风险不会太大。

（2）从股东的角度看。由于企业通过举债筹措的资金与股东提供的资金在经营中发挥同样的作用，所以，股东所关心的是全部资本利润率是否超过借入款项的利率，即借入资本的代价。在企业所得的全部资本利润率超过因借款而支付的利息率时，股东所得到的利润就会加大。如果相反，运用全部资本所得的利润率低于借款利息率，则对股东不利，因为借入资本的多余的利息要用股东所得的利润份额来弥补。因此，从股东的立场看，在全部资本利润率高于借款利息率时，负债比例越大越好，否则反之。

**知识扩展**

企业股东常常采用举债经营的方式，以有限的资本、付出有限的代价而取得对企业的控制权，并且可以得到举债经营的杠杆利益。在财务分析中也因此被人们称为财务杠杆。

（3）从经营者的立场看。如果举债很大，超出债权人心理承受程度，企业就借不到钱。如果企业不举债，或负债比例很小，说明企业畏缩不前，对前途信心不足，利用债权人资本进行经营活动的能力很差。从财务管理的角度来看，企业应当审时度势，全面考虑，在利用资产负债率制定借入资本决策时，必须充分估计预期的利润和增加的风险，在两者之间权衡利害得失，作出正确决策。

2. 产权比率

产权比率又称资本负债率，是负债总额与所有者权益总额之间的比值。其计算公式为：

产权比率＝负债总额÷所有者权益总额×100％

该指标的意义：

（1）该项指标反映由债权人提供的资本与股东提供的资本的相对关系，反映企业基本财务结构是否稳定。产权比率越低表明企业自有资本占总资产的比重越大，从而其资产结构越合理，长期偿债能力越强。但也不能一概而论。从股东来看，在通货膨胀加剧时期，企业多借债可以把损失和风险转嫁给债权人；在经济繁荣时期，多借债可以获得额外的利润；在经济萎缩时期，少借债可以减少利息负担和财务风险。产权比率高，是高风险、高报酬的财务结构；产权比率低，是低风险、低报酬的财务结构。

（2）该指标同时也表明债权人投入的资本受到股东权益保障的程度，或者说是企业清算时对债权人利益的保障程度。国家规定债权人的索偿权优先于股东。

**【实例 4－10】**

以表 4－1 中数据为例，企业的产权比率为：

年初产权比率＝1 939 000÷4 288 215×100％＝45％

年末产权比率＝2 353 719÷4 531 181×100％＝52％

可以看出，企业年初、年末产权比率都不是很高，表明企业财务结构较为稳定。同时，企业 2009 年提高了财务杠杆，期末产权比率比期初产权比率增加了 7％。

### （二）影响企业长期偿债能力的其他因素

除了上述各种比率，用以评价和分析企业的长期偿债能力以外，还有一些表外因素也会影响企业的长期偿债能力，必须引起足够重视。

1. 租赁

租赁是企业资金不足时获取设备或资产常用的一种手段，包括融资租赁和经营租赁。融资租赁中，相应的租赁费已作为长期负债处理，即已经在以上指标中有所反映，但经营租赁的租赁费作为每期的费用，不包括在长期负债中。如果企业的经营租赁量比较大，并且具有经常性，就形成了长期性筹资，会对企业的偿债能力产生影响。因此，如果企业经常发生经营租赁业务，应考虑租赁费对偿债能力的影响。

2. 或有项目

或有项目的特点在于现存条件的最终结果不确定，对它的处理方法要取决于未来的发展。或有项目一旦发生便会影响企业的财务状况，因此，企业不得不对它们予以足够重视，在评价企业长期偿债能力时考虑它们的潜在影响。如担保责任，有的担保项目涉及企业的长期负债，在分析企业长期偿债能力时，应根据有关资料判断担保责任带来的潜在长期负债问题。

**相关链接**

**房企巨头财务状况已现危险信号，2011 年或降价出货**

2010 年下半年以来，成交量下滑无疑将令开发商的资金链在未来一段时间内经受更严峻的考验，反映出开发商资金压力正逐渐上涨。专业人士表示，房企 2010 年三季报的财务数据在一定程度上证实了这点。

据分析，从 2010 年三季报流动比例一项来看，四大地产商（万科、招商、保利、金地）中，万科的短期偿债能力最低，且与金地一样，2010 年三季度较去年同期指标下降，这有可能使万科短期资金需求量加剧。公开市场信息显示，2010 年万科拿地比较激进，仅今年 8 月就在深圳、长沙、福州、沈阳等地购入商品住宅用地 166.5 万 $m^2$，购地金额高达 78 亿元。而根据《关于进一步加强土地出让收支管理的通知》，土地受让人分期缴纳全部土地出让价款的期限原则上不超过一年；首次缴纳比例不得低于全部土地出让价款的 50%。“对类似万科这样的拿地大户资金压力比较大，要求快销以维持稳定资金。”

从营业活动产生的现金流量净额来看，尽管整体现金流量净额未必为负，但营业活动产生的现金流量净额四家公司均告负，表明不仅不能支持投资和偿债，还要借助于可收回投资和借债来维持现金流量。“这是一个危险信号。前三季保利的营业活动产生的现金流量净额达到－261 亿元，比市况很差的 2008 年第三季度还恶劣。”

不仅如此，四大地产商前三季度净利润同比均下滑，如果将净利润与营业活动产生的净现金流量联系起来看，这表明企业利润质量不高，除了利润操纵的可能外，其原因可能是回款不及时、存货积压。因此，进一步预测，明年在四大地产商中，保利、万科有可能将率先降价出货，届时将在更大范围内拉动一手住宅价格进入下行通道。

（资料来源：经济参考报）

## 第四节 营运能力分析

企业营运能力是指企业利用资产进行运营的效率与效益。企业营运能力分析主要是对企业资金的周转情况进行的分析。一般认为周转速度越快，表明企业的资金使用效率越高，给企业带来盈利的可能性则越大，企业的营运能力越强。反之，企业的资金利用效率则越低，营运能力越低。企业营运能力分析，主要是从流动资产周转、固定资产周转和全部资产周转三个方面来进行考察的。

### 一、流动资产周转分析指标

流动资产周转分析指标主要有应收账款周转率、存货周转率和流动资产周转率等。

1. 应收账款周转率

应收账款在流动资产中有着举足轻重的地位，及时收回应收账款，不仅增强了企业的短期偿债能力，也反映出企业管理应收账款的效率。应收账款周转率是企业一定时期销售收入与应收账款平均余额的比值，是一项反映企业应收账款周转速度，进而衡量应收账款管理水平的指标。其计算公式为：

应收账款周转率(周转次数)＝销售收入÷平均应收账款余额

平均应收账款余额＝(期初应收账款余额＋期末应收账款余额)÷2

**【实例4－11】**

以表4－1中数据为例，另假设企业2009年销售收入2 602 040元，则企业的应收账款周转率为：

平均应收账款余额＝(313 959＋344 787)÷2＝329 373(元)

应收账款周转率＝2 602 040÷329 373＝7.9(次)

应收账款周转率在一定时期内，周转次数高表明：①企业收账迅速，信用销售管理严格；②应收账款流动性强，从而增强企业短期偿债能力；③可以减少收账费用和坏账损失，相对增加企业流动资产的投资收益；④通过比较应收账款周转天数及企业信用期限，可评价客户的信用程度，调整企业信用政策。

在评价应收账款周转率指标时，应将计算出的指标与该企业前期、与行业平均水平或其他类似企业相比较来判断该指标的高低。

2. 存货周转率

存货周转率是指企业一定时期销售成本与存货平均占用额的比率，是一项反映企业存货流转速度，进而衡量存货利用效率和管理水平的指标。存货周转率指标的高低，是评价整个企业管理是否高效的一项重要内容，因为存货周转涵盖了企业购入存货、投入生产、销售收回等整个流转过程。其计算公式为：

存货周转率(周转次数)＝销售成本÷平均存货余额

平均存货余额＝(期初存货余额＋期末存货余额)÷2

**【实例4－12】**

以表4－1中数据为例，另假设企业2009年销售成本4 104 376元，则企业的存货周转率为：

平均存货余额＝(3 328 401＋257 102)÷2＝292 751.5(元)

存货周转率＝4 104 376÷292 751.5＝14.02(次)

一般来讲，存货周转速度越快，存货占用水平越低，流动性越强，存货转化为现金或应收账款的速度就越快，这样会增强企业的短期偿债能力及获利能力。通过存货周转速度分析，有利于找出存货管理中存在的问题，尽可能降低资金占用水平。

3. 流动资产周转率

流动资产周转率是一定时期销售收入与企业流动资产平均占用额之间的比率，是一项反映企业流动资产周转速度，进而衡量流动资产利用效率和管理水平的指标。其计算公式为：

流动资产周转次数＝销售收入÷流动资产平均余额

流动资产平均余额＝(期初流动资产＋期末流动资产)÷2

**【实例4－13】**

以表4－1中数据为例，则企业的流动资产周转率为：

平均流动资产余额＝(4 470 071＋4 052 817)÷2＝4 261 444(元)

流动资产周转率＝2 602 040÷4 261 444＝0.61(次)

在一定时期内，流动资产周转次数越多，表明以相同的流动资产完成的周转额越多，流动资产利用效果越好。流动资产周转天数越少，表明流动资产在经历生产销售各阶段所占用的时间越短，可相对节约流动资产，增强企业盈利能力。

## 二、固定资产周转分析指标

固定资产周转率是指企业一定时期销售收入与固定资产平均净值的比率。它是反映企业固定资产周转情况，从而衡量固定资产利用效率和管理水平的一项指标。其计算公式为：

固定资产周转率＝销售收入÷固定资产平均净值

固定资产平均净值＝(期初固定资产净值＋期末固定资产净值)÷2

**【实例 4－14】**

以表 4－1 中数据为例，则企业的固定资产周转率为：

平均固定资产余额＝(1 028 108＋937 526)÷2＝982 817(元)

固定资产周转率＝2 602 040÷982 817＝2.65(次)

固定资产周转率高，说明企业固定资产投资得当，结构合理，利用效率高；反之，如果固定资产周转率不高，则表明固定资产利用效率不高，提供的生产成果不多，企业的营运能力不强。

## 三、总资产周转分析指标

总资产周转率是企业一定时期销售收入与资产平均总额的比率，是一个反映企业总资产周转速度，进而衡量总资产利用效率和管理水平的指标。计算公式为：

总资产周转率＝销售收入÷资产平均总额

如果企业各期资产总额比较稳定，波动不大，则

资产平均总额＝(期初资产总额＋期末资产总额)÷2

**【实例 4－15】**

以表 4－1 中数据为例，则企业的总资产周转率为：

平均资产余额＝(6 884 900＋6 227 215)÷2＝6 556 057.5(元)

总资产周转率＝2 602 040÷6 556 057.5＝0.40(次)

如果该比率较低，说明企业全部资产营运效率较低，可采用薄利多销或处理多余资产的方法，加速资产周转，提高运营效率；如果该比率较高，说明资产周转快，销售能力强，资产运营效率高。

对于企业营运能力进行分析的财务数据并不仅来源于企业的资产负债表，还有来自于利润表。除了上述指标外，对于企业营运能力进行评价的指标还有很多，这里不再一一阐述。

另外，从对营运能力的评价中我们还可以看出，不同于偿债能力评价指标的是，这里并没有给人们提供所谓的经验数据。实际上从描述中也可以看出，这些的指标就只有一种方向，那就是符合投资人的需求，各项资产周转越快越好，营运能力越高越好。

### 相关链接

**老板电器各项指标下降，上市志在脱窘态**

在行业竞争压力增大的背景下，公司各项周转指标下降、负债不断增加，对于民营企业老板电器，上市是打通融资渠道、解决目前窘境的选择。

2010 年 11 月 16 日，财政部、商务部和工信部等三部委日前联合发布公告，取消即将上市的杭州老板电器股份有限公司（002508，下称“老板电器”）等企业家电下乡资格，这对于这家刚刚登陆中小板块的厨房家电企业并非好消息。

在翻看老板电器的招股说明书发现，这家公司 2010 年上半年负债水平增加很快，2010 年上半年公司负债为 4 亿元，而资产总额为 7.95 亿元；2009 年公司负债为 2.27 亿元，资产为 6.48 亿元；2008 年负债为 1.55 亿元，资产为 4.95 亿元；2007 年负债为 2.68 亿元，资产为 4.1 亿元。导致该公司 2010 年上半年的资产负债率骤然增加到 50%以上，而此前的 2008 年、2009 年，公司的资产负债率一直在 35%，只有 2007 年公司因为资产重组，资产负债率曾达到 65%。

2010 年上半年老板电器的周转速度下降很快，其中应收账款周转率为 6.58，而 2007～2009 年分别为 7.62、9.98、10.44。另外一个资产周转数据也出现大幅下滑，2010 年上半年存货周转率为 1.27，而此前公司这一数据从未低于 2，2007～2009 年分别为 2.2、2.21、2.19。

（资料来源：证券市场周刊）

### 本章小结

资产负债表是企业的一张主要报表，也是企业最早出现的报表。通过资产负债表，人们可以了解特定时点企业拥有的资源情况，也能了解这些资源的来源情况。

对资产负债表的解读，从资产、负债和所有者权益的质量、结构和趋势进行。在正确解读资产负债表的基础上，还进行了偿债能力和营运能力两个方面财务能力的分析，要求同学在理解各个指标含义的基础上，掌握具体的分析。

### 关键词

财务状况　报表结构　流动性　会计要素
流动资产　流动负债　资产总额　所有者权益
资产质量　偿债能力　营运能力　周转率

### 课堂讨论题

1. 资产负债表内容中所涉及的会计要素是哪几个？其联系如何？
2. 人们能从资产负债表中得到什么信息？
3. 偿债能力对于企业有何重要意义？是否是越高越好？
4. 对企业的营运能力进行分析有何意义？

### 案例练习 1

**上市房企打折过冬 资产负债率创新高**

上市房企 2010 年三季报及多家机构数据统计显示，2010 年三季度末国内上市房企资产负债率已升至历史最高水平，甚至超过全行业最艰难的2008年。个别公司如绿城（3900.HK）、富力地产（2777.HK）的负债率则高达100%以上。2010年以来，20家样本企业经营活动流出的现金达2 518亿元，也创下历史新高。

71.3%：负债率达历史高点

富力地产资金链近日备受关注。2010年11月7日，瑞银的一份报告预计，富力年底的负债率将上升至120%，达到历史高点。

虽然三季报看似一片大好，但随着417新政及929新政多个政策的叠加效应显现，上市房企的资金问题渐渐浮出水面，"2010年三季末，20家样本企业的资产负债率达到71.3%，比2009年末提高5.09%，达到我们研究时间范围内的最高水平。"11月18日，中邮证券分析师对本报表示。

2010年11月中旬前，银监会已完成对60家大型房地产企业集团的调研，有18家平均资产负债率超过70%。而在房地产业内，公认的资产负债率安全范围为60%～70%。

上述分析师称，2010年以前，开发企业资产负债率的最高点出现在行业普遍紧缩的2008年。2008年三季度，样本企业的资产负债率为67.27%。

从万科、保利等龙头房企来看，万科三季度负债率升至74%，高于年初的67%，也高于2008年三季度的72%；保利三季度负债升至79%，高于年初的72%，也高于2008年的71%。

从负债结构来看，上市房企借款占比也达到历史较高水平。

2010年三季度末，样本公司借款占资产比重达到29.92%；借款增速则达到历史高点，2010年三季度末，样本企业的借款余额2 169.5亿元，同比增速达70.33%。"借款占资产比重的提高和借款增速的提高，说明开发企业对银行借款这种传统融资方式的依赖程度加深。"分析人士称。

统计显示，一年以来，获批准增发的房地产开发企业仅3家，包括万科A、招商地产、保利地产等在内的一大批开发企业增发方案均搁浅或过期。

存货大增：

房企资金的持续流出，体现在资产负债表上是公司存货的持续增加，目前样本企业存货占资产的比重达64.92%，比2009年末提高4.46%。从历史来看，当前的存货占资产的比重水平，已经接近2008年三季度66.86%和2008年末67.44%的水平。

（资料来源：21世纪经济报道）

要求：资产负债率、存货占资产的比重这些指标有何意义？并请自行查阅某家房地产上市企业2010年第三季度的资产负债表，并对此进行简单的分析。

**案例练习2**

### 国海证券2010年1月关于深发展的研究报告

负债业务快速发展。按照此前深发展（股票代码000001）的业务发展规划，2009年四季度深发展存款规模快速增长，相对于三季度环比增长约7.5%。存款的快速增长使得公司的流动性风险降低，存贷比由三季度的85.08%降至四季度的79.5%。我们预计深发展在 2010 年上半年仍将保持负债业务快速发展，流动性风险会进一步降低。

资产结构持续优化。深发展 2009 年四季度贷款规模与三季度基本持平，新增信贷规模有限。深发展在保持贷款规模稳定的同时，延续此前的资产结构调整，一般性贷款对贴现的替代作用更加明显。到 2009 年四季度末，深发展票据贴现占比从三季度的 14.42％下降至 12.8％。

资产质量保持稳定。经过 2008 年末深发展一次性大幅核销之后，目前公司新增贷款质量持续保持稳定。2009 年四季度深发展信用成本略微上行，但是总的来说不良率仍然保持稳定，拨备覆盖率继续小幅上行。

维持“买入”投资评级。我们看好深发展 2010 年仍然快速增长的主要原因仍然在于资产质量持续稳定下的生息资产规模扩张。深发展与中国平安可能的合作有望成为公司盈利的潜在增长点。假设深发展 2010 年上半年完成定向增发事宜，深发展预计 2009 年和 2010 年每股盈利分别为 1.6 元和 1.76 元。

（资料来源：http：//finance. sina. com. cn/roll/20100128/14007327458. shtml）

要求：请自行查阅深发展 2009 年 12 月 31 日的资产负债表，讨论国海证券是如何得出这些研究结论。

# 第五章 利润表解读及分析

**学习目标**

1. 熟悉利润的性质及结构。
2. 认识利润表各项目。
3. 掌握利润表质量的解读。
4. 理解利润表构成的解读。
5. 理解反映盈利能力的各指标的内涵并进行分析。
6. 了解发展能力分析。

**案例引入**

“《唐山大地震》票房达到5亿元，将会给华谊兄弟带来1.6亿元的收入，大概会占其整年电影票房收入的三分之一。”银河证券传媒分析师许耀文说。在《唐山大地震》放映前，媒体算了一笔账：截至2010年3月31日，华谊兄弟总股本为1.68亿股，每股收益0.06元。如果《唐山大地震》票房拿到5亿，华谊兄弟可以分得利润约8400万元，可为其带来约0.25元的每股收益，是其一季度收益的8倍。

（资料来源：http：//finance. sina. com. cn/stock/s/20100707/04388246286. shtml）

“收入”、“利润”、“每股收益”这些数据均是在利润表反映的。这些数据指标是如何形成的？都有什么财务意义？信息使用者怎样才能从利润表中直接或间接了解到自己所需要的财务信息，并作出相应的预测和决策呢？本章试图通过对利润表的解读与分析来帮助大家认识利润质量、构成和趋势的分析，掌握关于盈利能力与发展能力的分析方法，了解与利润表有关的会计基础知识，以解决这一系列的问题。

## 第一节 概 述

### 一、利润表的性质与作用

#### （一）利润表的性质

利润表是反映企业在一定会计期间的经营成果的财务报表，属于动态报表。利润是企业经营成果或经营业绩的核心体现，也是投资者关注的焦点。

> **记住**：
> 利润表是反映企业在一定会计期间经营成果的财务报表，属于动态报表。

### （二）利润表的作用

1. 反映企业的盈利能力，评价企业的经营业绩

通过利润表，可以反映企业一定会计期间的收入实现情况，如实现的营业收入有多少、实现的投资收益有多少、实现的营业外收入有多少；可以反映一定会计期间的费用耗费情况，如耗费的营业成本有多少、营业税费有多少、销售费用、管理费用、财务费用有多少、营业外支出有多少；可以进而反映企业生产经营活动的成果，即净利润的实现情况，据以判断资本保值增值情况。

2. 发现企业经营管理中的问题，为经营决策提供依据

分析企业利润的形成过程、构成项目，可以为企业的经营决策提供依据。通过企业前后期的各项构成要素的比较，了解企业各项收入、费用和利润的增减变动情况及升降趋势，找出原因所在，发现经营管理中存在的问题，以便作出经营与管理决策。

3. 解释利润的变化趋势，预测企业未来的获利能力

通过分析企业前后期的各项目及利润总额的增减变动情况，可以判断企业利润变化的趋势，预测企业未来的获利能力。

4. 帮助投资者和债权人等作出正确的决策

不仅企业经营管理者，而且投资者、债权人和国家宏观管理部门也需要利润表。他们可以通过利润表了解企业过去的经营成果，并预测企业未来的经营成果和现金流量，从而做出正确的投资、信贷和宏观调控决策。

5. 为企业在资本市场融资提供重要依据

通过利润表反映的盈利能力，是企业能否在资本市场上融资的主要依据。

**相关链接**

在风云变幻的资本市场大潮中，利润似乎主宰着公司的沉浮乃至“生杀大权”。正因为关系到企业的兴衰荣辱，利润计量和披露也成为会计工作的重中之重，也因此才有众多的上市公司围绕“会计利润”上演一出出令人瞠目结舌的闹剧和悲剧。实证资料表明，上市公司的利润指标尽管备受质疑，但依然是最受投资者关注而且应用最广泛（也许是不自觉的）的绩效评价标准，由此衍生的各项指标如每股收益、市盈率、投资报酬率、净资产收益率正人气十足地充斥于各大公司的研究报告、全国财经新闻和证券报道之中。究其原因有两点：一是作为经济生活中的高频习惯用语，传统的思维模式根深蒂固；二是这方面的信息充斥于市场，资料容易取得，并且经过长期的发展已经成为一个羽翼丰满的指标网络体系。

（资料来源：中华会计网校）

## 二、利润表的结构

常见的利润表结构主要有单步式和多步式两种。在我国，企业利润表采用的是多步式结构。多步式的利润表可以反映企业利润形成的过程，便于理解，即通过对当期的收入、费用、支出项目按性质加以归类，按利润形成的主要环节列示一些中间性利润指标，分步计算当期净损益。利润表具体格式见表 5－1。

表 5-1 利 润 表

编制单位： 年 月 单位：元

| 项 目 | 行次 | 本期金额 | 上期金额 |
|---|---|---|---|
| 一、营业收入 | | | |
| 减：营业成本 | | | |
| 营业税金及附加 | | | |
| 销售费用 | | | |
| 管理费用 | | | |
| 财务费用 | | | |
| 资产减值损失 | | | |
| 加：公允价值变动净收益（损失以“—”号填列） | | | |
| 投资净收益（损失以“—”号填列） | | | |
| 二、营业利润（亏损以“—”号填列） | | | |
| 加：营业外收入 | | | |
| 减：营业外支出 | | | |
| 三、利润总额（亏损总额以“—”号填列） | | | |
| 减：所得税费用 | | | |
| 四、净利润（净亏损以“—”号填列） | | | |
| 五、每股收益 | | | |
| （一）基本每股收益 | | | |
| （二）稀释每股收益 | | | |
| 六、其他综合收益 | | | |
| 七、综合收益总额 | | | |

利润表主要反映以下三大部分的内容：第一部分计算利润，包括营业利润、利润总额和净利润；第二部分是每股收益，包括基本每股收益和稀释每股收益；第三部分是综合收益，包括其他综合收益和综合收益总额。

从利润表上看，净利润的计算可以用图 5-1 来表示。

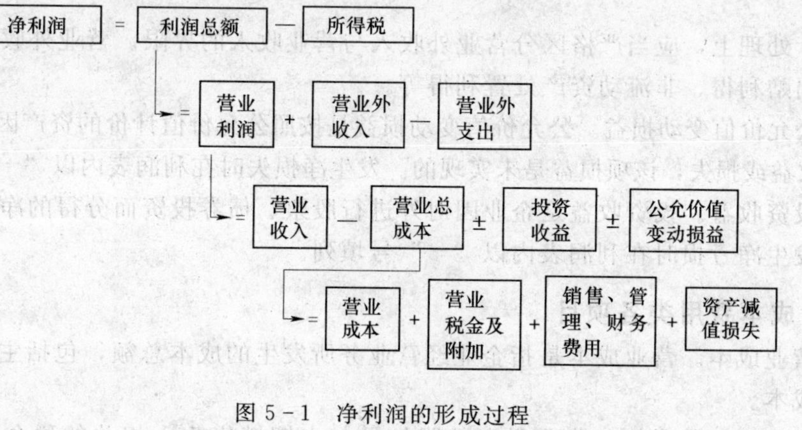


图 5-1 净利润的形成过程

此外，为了使报表使用者通过比较不同期间利润的实现情况，判断企业经营成果的未来发展趋势，企业需要提供比较利润表，利润表还就各项目再分为“本期金额”和“上期金额”两栏分别填列。

**知识扩展**

新企业会计准则在上市公司实施后，财政部于 2009 年发布了《企业会计准则解释第 3 号》，规定在利润表中引入“综合收益”指标，增加“其他综合收益”和“综合收益”两个项目，有助于投资者等报告使用者分析企业的全面收益情况。其他综合收益反映企业直接计入所有者权益的各种利得和损失（扣除所得税影响），企业净利润与其他综合收益的合计额为综合收益。

## 三、利润表各项目

部分利润表项目，如主营业务收入和主营业务成本等，在第二章中已有介绍。

### （一）收入类各项目

**知识扩展**

企业的收入是按权责发生制确认的，所以，收入同收款是两个不同的概念，收入不一定与收款一一对应。取得收入可以没有现金，流入现金可能不产生收入。

（1）营业收入。营业收入是指企业经营业务所实现的收入总额，包括主营业务收入和其他业务收入。

（2）营业外收入。营业外收支是指企业发生的与日常活动无直接关系的各项收支。营业外收支虽然与企业生产经营活动没有多大的关系，但从企业主体来考虑，同样带来收入或形成企业的支出，也是增加或减少利润的因素，对企业的利润总额及净利润产生较大的影响。

在会计处理上，应当严格区分营业外收入与营业收入的界限。营业外收入主要包括盘盈利得、捐赠利得、非流动资产处置利得等。

（3）公允价值变动损益。公允价值变动损益是按照公允价值计价的资产因为公允价值变动产生的收益或损失，该项损益是未实现的。发生净损失时在利润表内以“－”号填列。

（4）投资收益。投资收益是企业因对外进行股票、债券投资而分得的净收益或发生的净亏损。发生净亏损时在利润表内以“－”号填列。

### （二）成本费用类各项目

（1）营业成本。营业成本是指企业经营业务所发生的成本总额，包括主营业务成本和其他业务成本。

（2）营业税金及附加。营业税金及附加是与本期销售收入相关的税金以及教育费附加，包括营业税、消费税、城市维护建设税、资源税、教育费附加等。值得注意的是，销售税金中不包括增值税，也不包括所得税。由于增值税是价外税，核算方法不同于营业税等价内税，所以，企业所缴纳的增值税在利润表中是反映不出来的。

（3）管理费用。管理费用是指企业为组织和管理企业生产经营所发生的管理费用，包括企业在筹建期间内发生的开办费、行政管理部门职工工资及福利费、工会经费、聘请中介机构费、诉讼费、业务招待费等。

（4）销售费用。销售费用是指企业在销售商品和材料、提供劳务的过程中发生的各种费用，包括企业在销售商品过程中发生的保险费、包装费、展览费和广告费、运输费、装卸费以及为销售本企业商品而专设的销售机构（含销售网点、售后服务网点等）的职工薪酬、固定资产修理费用等费用。

（5）财务费用。财务费用是指企业为筹集生产经营所需资金等而发生的筹资费用，包括利息支出（减利息收入）、相关的手续费等。

（6）资产减值损失。资产减值损失是当期计提的所有资产减值损失的合计数，除应收项目的坏账损失是按照比例估计外，所有其他资产的减值损失都是预计可收回金额低于账面价值的差额。

（7）营业外支出。营业外支出是指企业发生的与日常活动无直接关系的各项损失，主要包括盘亏损失、公益性捐赠支出等。

（8）所得税费用。所得税费用是企业根据税法的要求确认的本期所得税。由于会计准则与税法的规定存在差异，因此本期应纳所得税并不等于本期的所得税费用。

提示：

营业收入是总额概念，必须与费用相配比。营业外收入是净额概念，它或者已经将对立因素抵消（如出售资产净收益是售价与账面价值抵消后的净额），或者本来就只有一个金额，如诉讼获胜后的赔偿收入。营业外收入与营业外支出一般不存在直接的对应关系和配比关系。

### （三）多层次的利润

（1）销售毛利。销售毛利是企业主营业务收入减去主营业务成本后的利润。

（2）主营业务利润。主营业务利润是企业主营业务收入减去主营业务成本、主营业务税金及附加后的利润。

（3）营业利润。营业利润是企业从与生产经营有关的活动中取得的全部利润。

（4）利润总额。利润总额也称为税前利润，是企业当期取得的全部利润之和。

（5）净利润。净利润是指扣除所得税费用后的利润，是企业最终的财务成果。

## 第二节 利润表解读

利润表的列报必须充分反映企业经营业绩的主要来源和构成，有助于使用者判断净利润的质量及其风险，有助于使用者预测净利润的持续性，从而作出正确的决策。因此，对利润表的解读包括对利润质量、利润结构和利润趋势的解读。

## 一、对利润质量的解读

由多步式利润表的结构特点可知，对利润表各项目进行质量分析，实质上是对企业利润形成过程进行质量分析。

### （一）营业收入项目的分析要点

（1）关注营业收入的增长幅度，以判断其收入增长的稳定性。但也必须注意收入的增长是否在合理的范围内。

（2）分析营业收入的品种构成、地区构成。

（3）分析关联方交易的收入占总收入的比重。

（4）将利润表中的“营业收入”与现金流量表中的“销售商品、提供劳务收到的现金”进行配比，由此可以观察营业收入的质量问题。

（5）分析其他业务收入与主营业务收入的配比。若其他业务收入占主营业务收入的比重过高，则应分析企业是否存在关联方交易行为，分析关联方交易的真实性和合理性。

### （二）营业毛利质量的分析要点

（1）分析影响企业营业成本水平高低的因素。影响营业成本水平的因素既有企业不可控的因素，如受市场因素的影响而引起的价格变动；也有企业可以控制的因素，如在一定市场价格水平条件下，企业可以通过选择供货渠道、采购批量等来控制成本水平。

（2）分析营业税金及附加与营业收入是否配比，若两者之间不配比，则可能存在“漏税”之嫌。

（3）分析毛利及毛利率。主营业务收入减主营业务成本的差额就是企业的销售毛利。毛利是企业的一个重要概念，它是企业利润的源泉。低毛利的产品应当通过周转率来弥补，所谓薄利多销就是这个意思。

### （三）营业利润质量的分析要点

（1）三项费用（销售费用、管理费用、财务费用）中任何一项费用提高都会对企业业绩产生较大影响，在收入增长的同时，控制好三项费用的增长是考验企业管理能力的一个重要指标，在分析时要注意三项费用与营业收入的配比。

**相关链接**

**上市公司2008年收入增长不敌成本增幅**

截至2009年4月29日，公布年报的1 546家公司2008年共实现营业总收入110 593.23亿元，同比增长17.66%；实现营业利润9 638.24亿元，同比下降27.26%。剔除金融行业后，上述公司2008年的营业总成本合计达到89 118.58亿元，同比增长23.56%，比营业总收入增幅高出5.9个百分点。

2008年上市公司三项费用均上涨，其中财务费用的涨幅最大，分析人士称这与2008年我国利率较高有关。统计显示，截至29日，具有可比数据的1 479家公司2008年销售费用、管理费用和财务费用分别为3 295亿元、3 974亿元和1 145亿元，同比分别增长

10.7%、16.4%和30.1%，三项费用合计为8 413亿元，同比增长了15.7%，这一数值低于上述公司营业总收入17%的增幅。

（资料来源：上海证券报）

(2) 营业利润是公司利润的主要来源。如果营业利润越高，主营业务在行业中的地位越高，企业的可持续发展能力越强，投资价值也越大。

(3) 营业利润中包含了三个特殊的项目：资产减值损失、公允价值变动损益和投资收益。资产减值损失具有一次性的特征；而公允价值变动损益则属于未实现的利润，且具有很大的波动性；投资收益中也包含了一些有价证券买卖损益，而不全是长期股权投资的损益。因此，应分析公允价值变动损益和投资收益在利润总额中所占的比例。

**知识扩展**

在新企业会计准则实施前，资产减值计提曾是上市公司调节盈利的常见手段。若盈利上升就多提减值准备，盈利下滑再冲回减值准备。为避免上市公司操纵利润，新企业会计准则规定，长期资产计提的减值准备一经确认不得恢复。

**相关链接**

**上市公司2008年报特刊**

2008年下半年以来，全球金融危机波及国内经济，上市公司主营业务受到经济大环境拖累而下降，同时，巨额的资产减值损失也令上市公司业绩雪上加霜。

截至2009年4月29日，两市1 531家有可比数据的公司资产减值损失共计3 197亿元，同比2007年的1 112亿元增长185.5%，单资产减值这一项就吞噬了上述公司33.2%的营业利润。上述公司中，共有974家资产减值损失同比增加，占比达到64%。计提资产减值准备俨然已经成为2008年上市公司业绩的“头号杀手”。

另一项对上市公司业绩影响较大的指标就是投资收益。2007年由于二级市场形势一片大好，上市公司投资收益大幅增长，而2008年以来，二级市场震荡下行，截至29日的年报数据显示，1 546家上市公司共实现投资收益2 036亿元，同比2007年下降32.4%，占利润总额的比重由2007年的接近三成下降至19%。

与此同时，上市公司公允价值变动也大幅下降。2008年，上证指数从5 261点一路下滑至1 820点。据中国证券报数据中心统计，在截至29日存在公允价值变动的446家公司中，只有88家公司获得收益，其余358家公司均出现损失。根据计算，上述446家公司2008年公允价值变动共计损失470.2亿元，对净利润的贡献为-5.45%。

（资料来源：中国证券报）

### （四）利润总额质量的分析要点

(1) 根据利润总额的大小，分析企业当期综合盈利能力。

（2）由于营业外收入、支出是偶然的、一次性的，如果数额较大，应作具体分析，并且需注意其形成的原因。

思考：

虽然费用会导致企业经济利益的流出，能不能说费用对企业来讲就是一个消极的因素？

**（五）净利润质量的分析要点**

（1）根据净利润的大小，分析企业当期综合盈利能力。

（2）将所得税费用与利润总额进行比较，分析所得税费用的合理性。

（3）关注纳税调整项目。

## 二、对利润结构的解读

利润表结构就是指利润表中各内容金额之间的相互关系。利润表结构分析就是对这种关系进行分析，从而对企业整体盈利状况作出判断。利润表结构分析包括两个方面：第一是观察各个项目相对于总体的比例或比重，最常用的方式就是建立共同比利润表；第二是观察各个项目之间的比例和结构。利润表的结构分析还可以结合趋势分析，查看各种结构在连续期间的变化。

### （一）共同比利润表

共同比利润表，需要通过计算各项收入、费用和利润在营业收入中所占的比重，分析说明其结构及增减变动的合理程度。

**【实例5－1】 栖霞建设共同比利润表**

根据栖霞建设（股票代码600533）利润表编制的共同比利润表见表5－2。

表5－2　　共同比利润表　　单位：百万元

| 项目 | 金额 | | 结构百分比（%） | | |
|---|---|---|---|---|---|
| | 2009年 | 2008年 | 2009年 | 2008年 | 差异 |
| 一、营业收入 | 2 202.07 | 1 591.61 | 100.00 | 100.00 | 0.00 |
| 减：营业成本 | 1 392.85 | 948.04 | 63.25 | 59.56 | 3.69 |
| 营业税金及附加 | 236.82 | 129.58 | 10.75 | 8.14 | 2.61 |
| 销售费用 | 41.37 | 36.14 | 1.88 | 2.27 | －0.39 |
| 管理费用 | 71.60 | 74.96 | 3.25 | 4.71 | －1.44 |
| 财务费用 | 63.23 | 60.20 | 2.87 | 3.78 | －0.89 |
| 资产减值损失 | 2.13 | 24.71 | 0.10 | 1.55 | －1.45 |
| 加：公允价值变动损益 | 0.00 | 0.00 | 0.00 | 0.00 | 0.00 |
| 投资收益 | 1.18 | 1.03 | 0.05 | 0.06 | －0.01 |
| 二、营业利润 | 395.24 | 319.01 | 17.94 | 20.04 | －2.1 |
| 加：营业外收入 | 3.48 | 3.67 | 0.158 | 0.23 | －0.07 |
| 减：营业外支出 | 1.68 | 4.88 | 0.07 | 0.30 | －0.23 |
| 三、利润总额 | 397.05 | 317.81 | 18.03 | 19.97 | －1.94 |
| 减：所得税费用 | 100.19 | 80.98 | 4.54 | 5.09 | －0.55 |
| 四、净利润 | 296.85 | 236.82 | 13.48 | 14.87 | －1.39 |
| 五、每股收益 | | | | | |
| （一）基本每股收益（12亿股） | 0.21 | 0.19 | | | |
| （二）稀释每股收益（12亿股） | 0.21 | 0.19 | | | |

从表 5-2 可以看出，该公司收支结构中的特点：营业成本和营业税金及附加的比重太高，导致营业利润、净利润占营业收入的比重较低。

### （二）利润表各个项目之间的比例和结构

通过营业收入构成表来分析营业收入的构成。

**【实例 5-2】 栖霞建设营业收入构成分析表**

表 5-3　　营业收入构成分析表　　单位：百万元

| 项　目 | 绝　对　数 | | 比重（%） | |
|---|---|---|---|---|
| | 2009 年 | 2008 年 | 2009 年 | 2008 年 |
| 主营业务收入 | 2 166.40 | 1 550.39 | 98.38 | 97.41 |
| 其他业务收入 | 35.67 | 41.22 | 1.62 | 2.59 |
| 合计 | 2 202.07 | 1 591.61 | 100.00 | 100.00 |

从表 5-3 中可以看出，该公司的主营业务非常突出，近两年来，公司主营业务收入占营业收入的比重都在 98%左右。该公司 2009 年实现营业收入 22.02 亿元，比 2008 年增加了 6 亿元，增长率约为 20%。

通过利润构成表来分析企业的利润是由什么样的利润项目构成，不同的利润占总利润的比重。

**【实例 5-3】 栖霞建设利润构成分析表**

根据栖霞建设（股票代码 600533）利润表编制的共同比利润表见表 5-4。

表 5-4　　利润构成分析表　　单位：百万元

| 项　目 | 金　额 | | 结构百分比（%） | | |
|---|---|---|---|---|---|
| | 2009 年 | 2008 年 | 2009 年 | 2008 年 | 差异 |
| 营业利润 | 395.24 | 319.01 | 99.55 | 100.38 | −0.83 |
| 加：营业外收入 | 3.48 | 3.67 | 0.88 | 1.15 | −0.6 |
| 减：营业外支出 | 1.68 | 4.88 | 0.42 | 1.53 | −1.11 |
| 利润总额 | 397.04 | 317.8 | 100.00 | 100.00 | 0.00 |

从表 5-4 中可看出，该公司的利润以经常性的营业利润为主，说明公司盈利水平较强，并具有持续增长的稳定性。

**提示：**

一家正常经营的公司，其主要利润应该来源于营业业务，这样的公司才能保持可持续发展。如果公司的利润主要来源于非经常项目，则公司的发展是畸形的，是不可能长久的，公司的主要资源并没有为公司带来利益。

## 三、对利润趋势的解读

对利润趋势的解读有绝对数额分析、环比分析、定基分析等。以下以栖霞建设的主营业务利润指标为例，进行绝对数额的分析。

**【实例 5－4】 栖霞建设营业利润变化趋势分析**

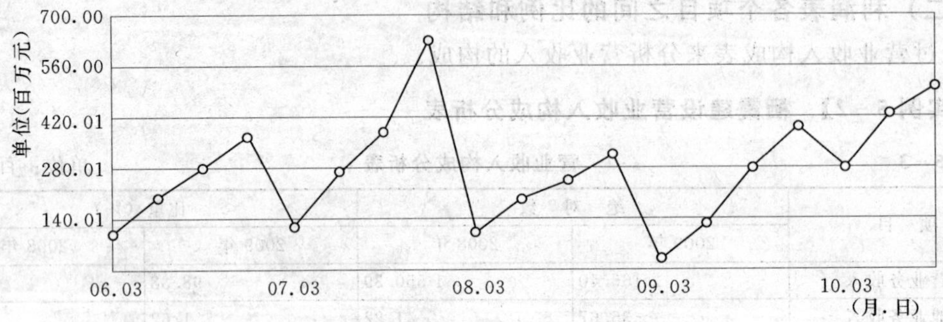


图 5－2 栖霞建设营业利润变化趋势分析

**表 5－5** **栖霞建设营业利润变化表** 单位：元

| 报告期（年．月．日） | 本 期 金 额 | 比上期变化 |
|---|---|---|
| 2010.9.30 | 511 214 000 | ↑78 918 000 |
| 2010.6.30 | 432 296 000 | ↑145 890 000 |
| 2010.3.31 | 286 406 000 | ↓108 833 000 |
| 2009.12.31 | 395 239 000 | ↑114 814 000 |
| 2009.9.30 | 280 425 000 | ↑148 858 000 |
| 2009.6.30 | 131 567 000 | ↑101 892 100 |
| 2009.3.31 | 29 674 900 | ↓289 340 100 |
| 2008.12.31 | 319 015 000 | ↑71 325 000 |
| 2007.12.31 | 632 605 000 | ↑248 889 000 |
| 2006.12.31 | 368 621 000 | ↑85 111 000 |

# 第三节 盈利能力分析

在上节对利润表进行透彻地解读的基础上，下面将进行财务能力的分析。利润表主要涉及盈利能力和发展能力两方面的分析。

不论是投资人、债权人还是经理人员，都会非常重视和关心企业的盈利能力。盈利能力就是企业获取利润、资金不断增值的能力。反映企业盈利能力的指标主要有销售毛利率、销售净利率、经营成本利润率、净资产收益率、总资产收益率、资本保值增值率、每股收益和市盈率。

## 一、销售利润率

销售利润率，又称主营业务收入利润率，是企业利润与主营业务收入（销售收入）的比率，反映企业销售收入的盈利能力。企业的利润可以分为 5 个层次：销售毛利、主营业务利润、营业利润、利润总额和净利润，因此对应有销售毛利率、主营业务利润率、营业利润率、利润总额率和销售净利率。较常用的有销售毛利率、主营业务利润率、营业利润率和销售净利率。

注：主营业务收入又称销售收入，主营业务成本又称销售成本。

### （一）销售毛利率

销售毛利率是销售毛利与销售收入之比，其计算公式如下：

销售毛利率＝销售毛利÷销售收入×100％

销售毛利率的意义在于：

（1）它反映企业主营活动流转额的初始获利能力，体现了企业的获利空间和基础，销售毛利率是企业销售净利率的最初基础，没有足够大的毛利率便不能盈利。

（2）该比率与同行业其他企业的毛利率对比，可以揭示企业在定价决策、成本控制等方面存在的问题，还可以表明企业在同行业中的市场竞争力。

（3）它有明显的行业特点。一般来说，营业周期短、固定成本低的行业毛利率水平比较低，如商品零售业；而营业周期长、固定成本高的行业毛利率高，如重工业企业。

> **提示：**
> 注意在评价一个企业的销售毛利率时，需要考虑其行业特点，与同行业平均值比较更具有可比性，更能说明企业的盈利能力和行业竞争力。

### （二）主营业务利润率

主营业务利润率是主营业务利润与销售收入之比，其计算公式如下：

主营业务利润率＝主营业务利润÷销售收入×100％

它表明企业每单位主营业务收入能带来多少主营业务利润，反映了企业主营业务的获利能力。没有足够大的主营业务利润率就无法形成企业的最终利润。

### （三）营业利润率

营业利润率是营业利润与销售收入之比，其计算公式如下：

营业利润率＝营业利润÷销售收入×100％

营业利润率指标有两个方面的扩展：

（1）它不仅考核主营业务的盈利能力，而且考核非主营业务的盈利能力，这在企业多元化经营的今天，具有更重要的意义。也就是说，企业的盈利能力不仅仅主要取决于产品经营，而且越来越多地受非主营业务获利水平的制约，甚至出现了其他业务获利水平决定了企业盈利水平和稳定性的状况。正是在这种背景下，考核营业利润率更具现实意义。

（2）它不仅考核了与产品经营或其他经营业务直接相关的成本费用，而且也将与它们间接相关且必须发生的成本费用纳入考核，这就使得对企业经营业务的获利能力的考核更趋全面，尤其是将三项费用纳入支出项目进行获利扣减，更能体现营业利润率的稳定性和持久性。因为，三项费用本身是一种较少变动的固定性支出，它的抵补是不可避免和经常的，企业只有将盈利扣除这些固定性支出后，所剩部分才具有稳定性和可靠性。因此，营业利润率综合反映了企业具有稳定和持久性的收入和支出因素，它所揭示的企业盈利能力具有稳定和持久的特点。

## （四）销售净利率

销售净利率是净利润与销售收入之比，其计算公式如下：

销售净利率＝净利润÷销售收入×100％

销售净利率反映的是企业销售收入的最终获利能力，该比率越高，企业最终获利能力越高。该比率的分析要点：

(1) 由于净利润中包含波动较大的营业外收入、营业外支出、资产减值损失、公允价值变动损益、投资损益，因此该指标各年度之间的变化相对较大。企业的短期投资者和债权人的利益主要在企业当期，他们更关心企业最终获利能力的大小，所以通常他们直接使用这一指标。而对于企业管理者及所有者来说，则应将该指标数额与净利润的内在结构结合起来分析，以正确判断企业的盈利能力。

(2) 对单个企业来说，销售净利率指标越大越好，但各行业内的竞争能力、经济状况、利用负债融资的程度及行业经营的特征，都使得不同行业各企业间的销售净利率大不相同，因此，在使用该比率分析时，要注意与同行业其他企业进行对比分析。

(3) 从公式可以看出，企业净利润与销售净利率成正比关系，而主营业务收入额与之成反比关系，表明企业在增加主营业务收入额的同时，必须相应获得更多的净利润，才能使该指标保持不变或有所提高。这样，通过这一指标的分析，可以促使企业在扩大销售的同时注意改进经营管理，提高盈利水平。

**【实例 5－5】**

北京亚美股份公司 2009 年和 2010 年主营业务收入分别为 18 000 万元和 20 000 万元，2009 年和 2010 年主营业务成本分别为 10 600 万元和 12 000 万元。另假设该公司 2009 年和 2010 年主营业务税金及附加分别是 1 000 万元和 1 100 万元。根据亚美公司的利润表（表 5－6），计算该公司的销售利润率见表 5－7。

**表 5－6　　北京亚美股份公司利润表**　　单位：万元

| 项　目 | 2009 年 | 2010 年 |
|---|---|---|
| 一、营业收入 | 18 600 | 21 000 |
| 减：营业成本 | 10 700 | 12 200 |
| 营业税金及附加 | 1 080 | 1 200 |
| 销售费用 | 1 620 | 1 900 |
| 管理费用 | 800 | 1 000 |
| 财务费用 | 200 | 300 |
| 三、营业利润 | 4 200 | 4 400 |
| 加：营业外收入 | 400 | 450 |
| 减：营业外支出 | 600 | 650 |
| 四、利润总额 | 4 000 | 4 200 |
| 减：所得税（税率为 25％） | 1 000 | 1 050 |
| 五、净利润 | 3 000 | 3 150 |

表 5-7　　北京亚美股份公司销售利润率计算表

| 项　目 | 2009 年 | 2010 年 |
| --- | --- | --- |
| 销售毛利率(%) | 41.11 | 40.00 |
| 主营业务利润率(万元) | 35.56 | 34.50 |
| 营业利润率(%) | 23.33 | 22.00 |
| 销售净利率(%) | 16.67 | 15.75 |

**注**　该公司 2009 年销售毛利＝18 000－10 600＝7 400(万元)，2010 年销售毛利＝20 000－12 000＝8 000(万元)；2009 年主营业务利润为 6 400 万元(18 000－10 600－1 000)，2010 年主营业务利润为 6 900 万元(20 000－12 000－1 100)。

从以上计算结果可以看到，北京亚美股份公司的毛利率、营业利润率和销售净利率呈下降趋势。

销售利润率诸多指标都是以主营业务收入为基础来反映企业盈利水平的指标，它们没有考虑资产投入与产出的对比关系，而只是在产出与产出之间进行比较，因而不能全面反映企业的盈利能力，因为高利润率指标可能是靠高资本投入实现的。由此，还应从成本费用利润率和资产运用效率的角度进一步分析，以公正地评价企业的盈利能力。

## 二、成本费用利润率

成本费用利润率是指利润与各项成本费用的比率，它们是全面考核企业各项耗费所取得收益的指标，通过分析该指标可以促使企业努力降低成本费用水平，增强盈利能力。其计算公式为：

成本费用利润率＝利润÷成本费用合计×100%

同利润一样，成本费用也可以分为几个层次，如主营业务成本、经营成本、营业成本等。因此在评价成本费用开支效果时，必须注意成本费用与利润间层次上的对应关系，如销售毛利与主营业务成本（主营业务成本毛利率）、主营业务利润与经营成本（经营成本利润率）、营业利润与营业成本（营业成本利润率）等彼此对应。这不仅符合收益与成本的匹配原则，而且也能够有效地揭示出企业各项成本费用的使用效果。

这其中，经营成本利润率更具有代表性，它反映了企业主要成本费用的利用效果，是企业加强成本管理的着眼点。

经营成本＝主营业务成本＋主营业务税金及附加

经营成本利润率＝主营业务利润÷经营成本×100%

**【实例 5-6】**

根据[实例 5-5]的有关资料，该公司 2009 年经营成本为 11 600 万元(10 600＋1 000)，2010 年经营成本为 13 100 万元(12 000＋1 100)，则该公司成本费用利润率见表 5-8。

表 5-8　　成本费用利润率计算表

| 序　号 | 项　目 | 2009 年 | 2010 年 |
| --- | --- | --- | --- |
| ① | 主营业务利润(万元) | 6 400 | 6 900 |
| ② | 营业利润(万元) | 4 200 | 4 400 |
| ③ | 利润总额(万元) | 4 000 | 4 200 |
| ④ | 净利润(万元) | 3 000 | 3 150 |
| ⑤ | 经营成本(万元) | 11 600 | 13 100 |

续表

| 序号 | 项目 | 2009 年 | 2010 年 |
|---|---|---|---|
| ⑥ | 营业成本(万元) | 14 400 | 16 600 |
| ⑦ | 税前成本(万元) | 15 000 | 17 250 |
| ⑧ | 税后成本(万元) | 16 000 | 18 300 |
| ⑨ | 经营成本利润率⑨=①÷⑤(%) | 55.17 | 52.67 |
| ⑩ | 营业成本利润率⑩=②÷⑥(%) | 29.17 | 26.51 |
| ⑪ | 税前成本利润率⑪=③÷⑦(%) | 26.67 | 24.43 |
| ⑫ | 税后成本利润率⑫=④÷⑧(%) | 18.75 | 17.21 |

从以上计算结果可以看到，该公司各项成本费用利润率指标呈下降趋势，有幸的是各项成本费用利润率的变动趋势与各项销售利润率的变动趋势保持一致。

## 三、总资产收益率

$$总资产收益率=\frac{净利润}{总资产}\times 100\%=\frac{净利润}{(期初资产总额+期末资产总额)\div 2}\times 100\%$$

总资产收益率反映的是企业投入的全部资金获取报酬的能力。该比率越高，表明企业的资产利用效益越好，整个企业盈利能力越强，经营管理水平越高。

对总资产收益率计算公式中的分子，有两种观点：一种观点是采用净利润。理由如下：①在杜邦财务分析体系中就是采用此种利润额概念，它展示了一个重要关系式：总资产收益率＝销售净利率×总资产周转率，从而可进一步分析并显示经营获利能力和资产周转速度对总资产收益率的影响；②在实际应用中，由于各利益相关者对净利润均特别关注，分子采用"净利润"更为常见。另一种观点是息税前利润，息税前利润＝净利润＋所得税＋利息费用。此时，该比率如实反映企业生产效率和经营成果，不受企业筹资方式的影响。本书采用的是第一种观点。

**【实例 5－7】**

根据[实例 5－5]的有关资料，另假设北京亚美股份公司 2009 年初资产总额为 19 000 万元，2009 年末资产总额为 20 000 万元，2010 年末资产总额为 23 000 万元，可计算总资产报酬率为：

2009 年总资产报酬率为：4 000÷[(19 000＋20 000)÷2] ×100%＝20.51%

2010 年总资产报酬率为：4 200÷[(20 000＋23 000)÷2] ×100%＝19.53%

计算结果表明，企业资产综合利用效率 2010 年不如 2009 年，需要对公司资产的使用情况、增产节约工作等情况作进一步的分析考察，以便改进管理，提高效益。

## 四、净资产收益率

净资产收益率（ROE）又叫自有资金利润率、净资产报酬率、股东权益报酬率、净值报酬率，是净利润与平均净资产（所有者权益）的比值，它反映企业所有者投资（自有资金）的收益水平。其计算公式为：

净资产收益率＝净利润÷净资产×100%

上式中，净资产为企业期初净资产总额与期末净资产总额的平均数。

该指标是企业盈利能力指标的核心，也是杜邦财务指标体系的核心，更是投资者关注的重点。这是因为净资产收益率是立足于所有者权益的角度来考核企业获利能力和投资回报能力，因而它是最被投资者关注的指标。一般来说，净资产收益率越高，企业净资产的使用效率就越高，投资者的利益保障程度也就越大。

**【实例 5-8】**

根据表 5-5 的有关资料，假设北京亚美股份公司 2008 年末所有者权益合计为 13 000 万元，2009 年末所有者权益合计为 14 600 万元，2010 年末所有者权益合计为 16 500 万元，则该公司 2009 年和 2010 年的净资产收益率为：

2009 年净资产收益率为：

3 000÷[(13 000＋14 600)÷2]×100％＝3 000÷13 800×100％＝21.7％

2010 年净资产收益率为：

3 150÷[(14 600＋16 500)÷2]×100％＝3 150÷15 550×100％＝20.3％

可以看到，该公司 2010 年净资产收益率比 2009 年降低了 1.4 个百分点，盈利能力略有降低。这是由于该公司所有者权益的增长快于净利润的增长所引起的。

根据前列资料可以求得，该公司的所有者权益增长率为：

(15 550－13 800)÷13 800×100％＝12.7％

而其净利润的增长率为：

(3 150－3 000)÷3 000×100％＝5.0％

## 五、资本保值增值率

资本保值增值率是指所有者权益的期末总额与期初总额之比。其计算公式为：

资本保值增值率＝期末所有者权益÷期初所有者权益×100％

资本保值增值率是考核经营者对投资者投入资本的保值和增值能力的指标，但同时也是衡量企业盈利能力的重要指标。如果企业盈利能力提高，利润增加，必然会使期末所有者权益大于期初所有者权益。当然，这一指标的高低，除了受企业经营成果的影响外，还受企业利润分配政策的影响。

**【实例 5-9】**

根据前面的有关资料，计算北京亚美股份公司 2009 年和 2010 年的资本保值增值率：

2009 年资本保值增值率为：14 600÷13 000×100％＝112.3％

2010 年资本保值增值率为：16 500÷14 600×100％＝113.0％

可以看到，该公司 2010 年资本保值增值率比 2009 年有所提高。

## 六、每股收益

每股收益（EPS）包括基本每股收益和稀释每股收益两类。稀释每股收益的计算非常复杂，不再列举。基本每股收益的计算公式为：

每股收益＝(净利润－优先股股利)÷当期发行在外的普通股股数

该指标反映了每股创造的净利润，比率越高，表明所创造的利润越多。若公司只有普通股时，则每股收益等于净利润除以流通在外的普通股股数。如果公司还有优先股，应从净利润中扣除分派给优先股东的利息。

每股收益是上市公司业绩评价的基本指标，也是投资者最关心的指标之一。其作用有：

(1) 反映了企业的盈利能力，决定了股东的收益水平，可以用来测定股票投资价值。每一股在本期获得的收益一目了然，便于股民选择投资哪类和哪支股票。

(2) 是确定企业股票价格的主要参考指标。虽然股票价格受到市场资金供求等多种因素的影响，但最终都要回归到企业的盈利能力。所以，每股收益是企业盈利状态的“温度计”。

前述栖霞建设(股票代码 600533)2009 年每股收益是 0.212 5 元，2008 年每股收益是0.191 7 元。

## 七、市盈率

市盈率（PE）是普通股每股市价为每股收益的倍数，也是上市公司业绩评价的基本指标。其计算公式为：

市盈率＝普通股每股市价÷普通股每股收益

式中，普通股每股市价通常采用年度平均价格，即全年各日收盘价的算术平均数。为简化起见并增强其实时性，本教材采用报告日前一日的现时股价。

**【实例 5－10】**

栖霞建设（股票代码 600533）2009 年 12 月 31 日股票收盘价为 6.71 元，2008 年 12 月 31 日股票收盘价为 3.12 元，则该公司 2009 年和 2008 年的市盈率为：

2009 年市盈率为：6.71÷0.2125＝31.58

2008 年市盈率为：3.12÷0.1917＝16.28

市盈率作为衡量上市公司价格和价值关系的一个指标，在股票投资分析中，常常被用来判断股票价格的吸引力。一般来说，市盈率越低，其股票越具有投资价值。需要注意的是，利用市盈率比较不同股票的投资价值时，这些股票必须属于同一个行业，因为此时公司的每股收益比较接近，相互比较才有效。市盈率指标同时还体现了投资者对企业未来收益前景的信心，市盈率若稳步上升，表明投资者对企业的发展持乐观态度，所以一些成长性较好的高科技公司的市盈率通常要高一些。

当然，如果某一股票的市盈率过高，则意味着该股票的价格具有泡沫，具有较高的投资风险。以 2009 年为例，从投资者的角度看，31.58 倍的市盈率的含义是，投资者购买股票的成本是 6.71 元，如果栖霞建设每年的利润全部分配，按照 0.212 5 元的每股收益，需要 31 年才能收回成本。因此，有投资者将市盈率作为判断股市泡沫的指标之一。

**相关链接**

2007 年的持续牛市行情令沪市市盈率迅速上升到 60 倍附近，A 股价格飞涨已经使其逐步脱离基本面的支撑，A 股投资者面临一个尴尬的局面：一方面，很难找到低估的品种；另一方面，资产的价格膨胀仍然在持续。60 倍这一数字大幅高于成熟市场，也超过“金砖四国”中其他三国市盈率 1～3 倍。同样基于 2006 年业绩的美国标普 500 指数市盈率为 17.1 倍；香港恒生指数市盈率为 15.8 倍，国企指数为 22.6 倍；巴西圣保罗指数

12.8 倍、俄罗斯 RTS 指数 19.9 倍、印度孟买指数 11.2 倍。

## 第四节　发展能力分析

### 一、企业发展能力分析的目的

企业的发展能力通常是指企业未来生产经营活动的发展趋势和发展潜能，也可以称之为增长能力。从形成看，企业的发展能力主要是通过自身的生产经营活动，不断扩大积累而形成的，主要依托于不断增长的销售收入、不断增加的资金投入和不断创造的利润等。从结果看，一个发展能力强的企业，应该保持资产规模不断增加，股东财富持续增长。

对企业的各方利益相关者来说，他们关注的不仅仅是企业目前的、短期的经营能力，更重要的是企业未来的、长期的和持续的增长能力。发展能力反映了企业发展目标，是企业盈利能力、营运能力、偿债能力的综合体现。

发展能力分析的目的主要体现在：

（1）对于股东而言，可以通过发展能力分析衡量企业创造股东价值的程度，从而为采取下一步战略行动提供依据。

（2）对于潜在的投资者而言，可以通过发展能力分析评价企业的成长性，从而选择合适的目标企业作出正确的投资决策。

（3）对于经营者而言，可以通过发展能力分析发现影响企业未来发展的关键因素，从而采取正确的经营策略和财务策略促进企业可持续增长。

（4）对于债权人而言，可以通过发展能力分析判断企业未来盈利能力，从而作出正确的信贷决策。

### 二、企业单项发展能力分析

企业发展能力分析的内容，有企业单项发展能力分析和企业整体发展能力分析两个方面。其中，企业单项发展能力分析主要包括股东权益增长率、资产增长率、销售增长率、收益增长率的计算与分析。企业整体发展能力分析本书不作介绍，感兴趣的同学请参阅其他资料。

#### （一）股东权益增长率计算与分析

股东权益增长率是本期股东权益增加额与股东权益期初余额之比，也叫做资本积累率，其计算公式为：

$$股东权益增长率=\frac{本期股东权益增加额}{股东权益期初余额}\times 100\%$$

股东权益增长率越高，表明企业本期股东权益增加得越多；反之，股东权益增长率越低，表明企业本年度股东权益增加得越少。

从公式中可以看出，股东权益增长率是受净资产收益率和股东净投资率这两个因素驱动的。

为正确判断和预测企业股东权益规模的发展趋势和发展水平，应将企业不同时期的股东权益增长率加以比较。

### （二）利润增长率计算与分析

净利润增长率是本期净利润增加额与上期净利润之比，其计算公式如下：

$$净利润增长率=\frac{本期净利润增加额}{上期净利润}\times 100\%$$

营业利润增长率是本期营业利润增加额与上期营业利润之比，其计算公式如下：

$$营业利润增长率=\frac{本期营业利润增加额}{上期营业利润}\times 100\%$$

要全面认识企业净利润的发展能力，还需要结合企业的营业利润增长情况共同分析。要分析营业利润增长情况，应结合企业的营业收入增长情况一起分析。为了更正确地反映企业净利润和营业利润的成长趋势，应将企业连续多期的净利润增长率和营业利润增长率指标进行对比分析，这样可以排除个别时期偶然性或特殊性因素的影响，从而更加全面真实地揭示企业净利润和营业利润的增长情况。

### （三）销售增长率计算与分析

销售增长率就是本期营业收入增加额与上期营业收入之比。其计算公式如下：

$$销售增长率=\frac{本期营业收入增加额}{上期营业收入}\times 100\%$$

该公式反映的是企业某期整体销售增长情况。在利用销售增长率来分析企业在销售方面的发展能力时，应该注意以下几个方面：

（1）要判断企业在销售方面是否具有良好的成长性，必须分析销售增长是否具有效益性。

（2）要全面、正确地分析和判断一个企业营业收入的增长趋势和增长水平，必须将一个企业不同时期的收入增长率加以比较和分析。

（3）可以利用某种产品收入增长率指标，来观察企业产品的结构情况，进而也可以分析企业的成长性。

### （四）资产增长率计算与分析

资产增长率就是本期资产增加额与资产期初余额之比，其计算公式如下：

$$资产增长率=\frac{本期资产增加额}{资产期初余额}\times 100\%$$

资产增长率是用来考核企业资产投入增长幅度的财务指标。资产增长率为正数，则说明企业本期资产规模增加，资产增长率越大，则说明资产规模增加幅度越大；资产增长率为负数，则说明企业本期资产规模缩减，资产出现负增长。在对资产增长率进行具体分析时，应该注意以下几点：

（1）企业资产增长率高并不意味着企业的资产规模增长就一定适当。

（2）需要正确分析企业资产增长的来源。

（3）为全面认识企业资产规模的增长趋势和增长水平，应将企业不同时期的资产增长率加以比较。

## 本章小结

本章首先介绍了利润表的基本知识（性质、格式、各项目的内容），并在此基础上从质量、结构和趋势三个方面进行利润表的解读，最后利用利润表对企业盈利能力和发展能力作出分析。反映上市公司盈利能力的主要指标有净资产收益率、每股收益和市盈率等。

## 关键词

利润　　利润表　　主营业务收入　　营业收入

营业成本　　净利润　　利润质量　　利润结构

利润趋势　　盈利能力　　发展能力　　净资产收益率

每股收益　　市盈率

## 课堂讨论题

1. 简述净利润的形成过程。
2. 简述利润质量的解读。
3. 反映上市公司盈利能力的重要指标有哪些？
4. 对营业利润的分析应注意哪些问题？
5. 如何分析与评价企业的发展能力？
6. 负债表与利润表在体现企业经营决策上有何不同？它们之间关系如何？

## 案例练习 1

### 泸州老窖股份有限公司财务分析

（一）泸州老窖股份有限公司入选 2009 年度中国酿酒行业十强

在泸州老窖勇夺巴拿马金奖 95 周年之际，公司又获酒界另一顶级荣耀——2009 年度中国轻工业酿酒行业十强企业。此次评选，经中国酿酒工业协会审核推荐，由中国轻工业联合会通过对全行业企业的主营业务收入、利润总额、产值利税率和工业总产值增长速度等方面采取加权评分的办法进行评定。最终，公司成功晋级十强，（在老牌四大名酒中，仅公司与茅台入选）并被认为同时具备四大优势，即较大的经济规模、较高的盈利水平、较强的发展内涵和较好的成长势头等。

（二）泸州老窖股份有限公司 2007～2009 年 3 年的主要会计数据和财务指标

1. 主要会计数据

见表 5-9。

**表 5-9　泸州老窖股份有限公司 2007～2009 年主要会计数据**　单位：万元

| 项　目 | 2009 年 | 2008 年 | 本年比上年增减（%） | 2007 年 |
|---|---|---|---|---|
| 营业总收入 | 437 042.25 | 379 837.87 | 15.06 | 307 688.55 |
| 营业成本 | 145 758.03 | 128 892.62 | 13.08 | 107 361.00 |
| 营业费用 | 49 937.12 | 51 278.85 | −2.62 | 37 706.16 |
| 管理费用 | 29 042.19 | 22 730.22 | 27.77 | 15 603.55 |
| 财务费用 | −24.07 | 220.64 | −110.91 | −10.49 |
| 营业利润 | 215 455.66 | 167 622.90 | 28.54 | 141 606.33 |
| 利润总额 | 215 180.75 | 165 355.64 | 30.13 | 106 332.63 |

续表

| 项 目 | 2009 年 | 2008 年 | 本年比上年增减（%） | 2007 年 |
|---|---|---|---|---|
| 归属于上市公司 | 167 333.91 | 126 598.79 | 32.18 | 77 336.71 |
| 股东的净利润归属于上市公司股东的 | 167 544.57 | 126 019.49 | 32.95 | 68 319.21 |
| 扣除非经常性损益的净利润经营活动产生的 | 106 735.71 | 81 397.93 | 31.13 | 122 882.96 |
| 现金流量净额总资产 | 598 269.01 | 509 306.21 | 17.47 | 449 186.08 |
| 归属于上市公司股东的所有者权益 | 424 805.57 | 347 805.58 | 22.14 | 270 438.12 |
| 股本 | 139 423.95 | 139 423.95 | 0.00 | 87 139.97 |

2. 主要财务指标

见表 5－10。

**表 5－10　　泸州老窖股份有限公司 2007～2009 年主要财务指标**　　单位：元/股

| 项 目 | 2009 年 | 2008 年 | 本年比上年增减（%） | 2007 年 |
|---|---|---|---|---|
| 基本每股收益 | 1.20 | 0.91 | 31.87 | 0.55 |
| 稀释每股收益 | 1.20 | 0.91 | 31.87 | 0.55 |

（三）泸州老窖股份有限公司未来发展展望

1. 公司所处行业的发展趋势及面临的市场竞争格局

2009 年，白酒产业深受国际金融“寒冬”的影响，经济下滑环境下高档政商务招待的消费频次减少，导致阶段性消费需求降低。总体来看，随着白酒工艺和技术水平的不断提高和创新，行业将保持一个平稳增长的发展态势。随着消费者消费理念的日趋成熟，行业竞争将更加激励，行业集中度将进一步加大，未来发展的趋势将向高档、品牌酒集中，中国白酒业规模化、全国化的发展趋势也越发明显。

2. 公司未来发展的机遇与挑战以及公司战略发展规划

公司未来的发展面临较大的竞争压力，这主要表现在：一是当前宏观经济环境对消费品行业的影响较大；二是公司和行业龙头企业在经营实力、品牌竞争力等方面仍有一定差距；三是国家政策的变动对白酒行业的影响。但是，在面临压力的同时，公司有足够的信心面对机遇和挑战：第一，公司产品质量具有较强的竞争力；第二，公司两大核心品牌“国窖 1573”、“泸州老窖特曲”在消费者中有较大影响力；第三，公司拥有一个和谐共赢、年富力强的核心管理团队；第四，公司这两年不间断地引进新鲜血液，完善人才引进和激励机制，有助于公司核心竞争力的提升。

（资料来源：http：//www.lzlj.com.cn/html/newsstock/show_news_w2_1_2062.html）

要求：利用所学知识，查阅相关资料分析泸州老窖股份有限公司的盈利能力和发展能力，明确其发展潜力和优势，指出其经营中存在的影响公司盈利能力提升的不利因素。

## 案例练习 2

### “郑百文”高速增长

“郑百文”，其前身是一个国有百货文化用品批发站，1996 年 4 月 18 日在上海证券交易所挂牌上市交易，是郑州市第一家上市公司和河南省首家商业股票上市公司。该公司在

1998 年以前一直保持优良的业绩，可谓是典型的“绩优公司”。1995～1997 年，公司资产过度增长。在 1996 年该公司的商品销售额仅次于上海一百集团，并在当年及 1997 年连续两年在中国股市中获得了高成长股美称。1997 年是“郑百文”最辉煌的时期，其主营业务收入达到 70 亿元之巨，被誉为全国商业批发行业的龙头老大。但是，公司从 1998 年开始连续出现巨额亏损。到 1999 年底，公司总资产 12.8 亿元，总负债 25.77 亿元，严重资不抵债。1999 年 4 月 27 日沦落为“ST”，成为当时退市的热门之一。这样一个曾经被光环笼罩着的先进典型，在短短的三年里，不但将其自有资产以及上市融入的资金都消耗殆尽，而且面临破产，令人深思。

一个企业要保持持续增长的趋势，就必须有大量资金投入的支持。问题在于，“郑百文”保持高速增长所需的资金从哪里来？公司最方便的筹资途径是负债，但该公司到后期再也不能像前期那样轻而易举地获得贷款了。因为公司前期负债经营所导致的高负债水平使得继续获得贷款的可能性不大。1997 年公司的资产负债率已经高达 90%，明显超出同行业的平均水平。1998 年其主要供应商——四川长虹考虑到仅仅依赖“郑百文”独家销售的巨大市场风险，取消了与该公司的经销合作关系。与此同时，中国建设银行郑州分行发现开具给该公司的承兑汇票形成的巨额债权有一定的回收难度，开始停止签发新的承兑汇票。该公司遭到经营和财务两方面的夹击，1998 年发生超过 5 亿元的巨额亏损，这之后公司便步入恶性循环，沦落到破产的境地。

（资料来源：新浪财经）

要求：利用所学知识，查阅相关资料分析郑百文公司的发展能力。

# 第六章　现金流量表解读及分析

**学习目标**

1. 理解现金及现金等价物的概念和内容。
2. 认识现金流量表的格式和各项目的具体构成。
3. 掌握现金流量表的总量及重要项目分析。
4. 掌握现金流量表的结构分析。
5. 掌握现金流量表主要财务比率的计算。
6. 理解利润和现金流量之间的关系。

**案例引入**

1975 年 10 月，美国最大的商业企业之一 W. T. Grant 公司宣告破产引起人们的广泛注意。W. T. Grant 成立于 20 世纪初，曾经是 Kmart、Woolworth's 等主要商业企业的主要竞争对手。令人不解的是，Grant 公司在破产的前一年，即 1974 年，其营业净利润近 1 000 万美元，经营活动提供的营运资金 2 000 多万美元，银行扩大贷款总额达 6 亿美元。而在 1973 年末，公司股票价格仍按其每股收益 20 倍的价格出售。为什么净利润和营运资金都为正数的公司会在一年后宣告破产？为什么投资者会购买一个濒临破产公司的股票而银行也乐于为其发放贷款？问题就出在投资者和债权人未对该公司的现金流动状况作深入的了解和分析。如果分析一下该公司的现金流量表，就可发现，从 1965 年开始，尽管 W. T. Grant 一直盈利，但其现金的主要来源不再是经营活动，而是银行借款。1970 年起该公司的经营活动净现金流量就开始出现负数，到 1974 年，经营活动净现金流量高达－11 000 万美元。

资料来源：(http：//www. chinaacc. com/new/287%2F290%2F321%2F2006%2F5%2Fsh576210383315156002519O－0. htm)

Grant 事件使投资者认识到，仅仅分析资产负债表、利润表已不能完全满足投资者决策的需要，他们需要了解企业的现金流动状况，需要知道为什么盈利企业会走向破产？为什么亏损企业会发放股利？为什么经营净利润与经营现金净流量不相等？这些问题都可以通过分析现金流量表予以解决。1992 年，国际会计准则委员会修订了《国际会计准则第 7 号——现金流量表》，以现金流量表取代财务状况变动表，并于 1994 年 1 月 1 日正式实施。1998 年，我国财政部也提出了同样的要求。

# 第一节　概　　述

许多投资者在研读上市公司年报时最关注的莫过于公司的盈利。其实，除利润外，还有一项更重要的指标，那就是企业的现金支付能力。如果企业只关注账面盈利，而不重视现金支付能力，难免也会破产倒闭。因为当今社会竞争激烈，企业要想发展壮大首先要考虑的是生存问题，生存之后才能谈发展，而现金对于企业的日常经营是非常重要的，很多企业就是在这一点上出了问题，最终导致破产。如山东聊城的双力集团，由于资金紧张造成资金链断裂，无钱购买原料，导致产销链断裂，由此产生信用危机，各大银行加大了回收贷款的力度，虽然政府拨款一千多万元，但最终也没起到多大的作用。

现金流是一种卓越的财务理念，我们随处可以听到“现金至尊”（Cash is King）的说法。李嘉诚曾经说过：“我的一生就是追求稳定的现金流，当我在做一个投资的时候，首先不是想到我能赚多少钱，而是如果我把那个做垮的话我拿哪一块来补。”海尔集团也对现金流推崇有加，海尔的第 13 条管理规则就是一句看似平淡无奇的话：“现金流比利润更重要。”本书在第二章曾提到，企业的基本业务活动，无非是从金融市场上筹集资金，投资于生产型经营资产，并运用这些资产进行生产经营活动，取得利润后用于补充权益资本或者分配给股东。因此，企业发生的任何业务活动都是和现金有关的。现金流量表，就是以收付实现制为编制基础，反映企业在一定会计期间现金和现金等价物流入和流出的报表。

**知识扩展**

权责发生制的涵义：凡是当期已经实现的收入和已经发生或应当负担的费用，不论款项是否收付，都应当作为当期的收入和费用；凡是不属于当期的收入和费用，即使款项已在当期收付，也不应当作为当期的收入和费用。目前，我国企业以权责发生制为确认基础。

收付实现制是与权责发生制相对应的一种确认基础，它是以收到或支付现金作为确认收入和费用的依据。目前，我国行政单位采用收付实现制，事业单位除经营业务采用权责发生制外，其他业务也采用收付实现制。

## 一、现金及现金等价物

阅读现金流量表，首先应了解现金的概念。现金流量表中的“现金”，是指企业的库存现金以及可以随时用于支付的存款，具体包括：库存现金、银行存款和其他货币资金。一般情况下，就是指资产负债表上“货币资金”项目的内容。准确地说，还应剔除那些不能随时动用的存款，如保证金专项存款等。

现金等价物，是指企业持有的期限短、流动性强、易于转换为已知金额现金、价值变动风险很小的投资。其中，期限短（一般是指从购买之日起三个月内到期）、流动性强，强调了变现能力；而易于转换为已知金额的现金、价值变动风险很小，则强调了支付能力的大小。因此，现金等价物通常包括三个月内到期的债券投资等。

可以看出，现金等价物虽然不是现金，但其支付能力与现金的差别不大，可视为现金。例如，企业为保证支付能力，手持必要的现金，为了不使现金闲置，可以购买短期债券，在需要现金时，随时可以变现。

**知识扩展**

保证金存款是存款人在银行办理相关业务时用作资金保证的存款。客户向银行申请开立银行承兑汇票、信用证、出具保函等业务时，银行根据企业信用风险情况，要求客户必须缴存全额或部分保证金，并将资金从其结算账户转入银行指定的保证金账户。显然，保证金存款是为了保障银行资金安全而设立的，是对银行债权的担保。

## 二、现金流量

现金流量，是指某一时期内，企业现金及现金等价物流入和流出的数量。企业销售商品、提供劳务、吸收投资、出售固定资产等，都会取得现金，形成现金的流入。而购买原材料、接受劳务、对外投资、购置固定资产等，都会导致现金的流出。可见，企业如果要开展正常的生产经营活动，必须维持一定的现金流量。

企业的现金流量由经营活动产生的现金流量、投资活动产生的现金流量和筹资活动产生的现金流量三部分构成。分析现金流量及其结构，可以了解企业现金的来龙去脉和现金收支构成，评价企业经营状况、偿债能力和筹资能力，为报表使用者提供决策有用的信息。

1. 经营活动产生的现金流量

经营活动，是指企业投资活动和筹资活动以外的所有交易和事项。如销售商品或提供劳务收到的现金、购进商品或接受劳务付出的现金等，具体项目见表 6-1。

2. 投资活动产生的现金流量

投资活动，是指企业长期资产的购建和不包括在现金等价物范围的投资及其处置活动。如收回投资收到的现金、取得投资收益收到的现金等，具体项目见表 6-1。

3. 筹资活动产生的现金流量

筹资活动，是指导致企业资本及债务规模和构成发生变化的活动。如吸收投资收到的现金、取得借款收到的现金等，具体项目见表 6-1。

需要注意的是，自然灾害损失、保险索赔等特殊项目，应当根据其性质，分别归并到经营活动、投资活动和筹资活动现金流量类别中单独列报。

## 三、现金流量表的格式

根据《企业会计准则第 31 号——现金流量表》的规定，现金流量表应当分别经营活动、投资活动和筹资活动列报现金流量，每一类又进一步分为现金流入和现金流出两类，见表 6-1。

**表6-1**　　**现金流量表**

编制单位：A股份有限公司　　2009年度　　单位：元

| 项　　目 | 金　　额 |
|---|---|
| 一、经营活动产生的现金流量 | |
| 销售商品、提供劳务收到的现金 | 259 602 339 |
| 收到的税费返还 | 23 009 472 |
| 收到其他与经营活动有关的现金 | 5 101 770 |
| 经营活动现金流入小计 | 287 713 581 |
| 购买商品、接受劳务支付的现金 | 114 977 469 |
| 支付给职工以及为职工支付的现金 | 36 090 466 |
| 支付的各项税费 | 33 141 931 |
| 支付其他与经营活动有关的现金 | 28 381 935 |
| 经营活动现金流出小计 | 212 591 802 |
| 经营活动产生的现金流量净额 | 75 121 779 |
| 二、投资活动产生的现金流量 | |
| 收回投资收到的现金 | |
| 取得投资收益所收到的现金 | |
| 处置固定资产、无形资产和其他长期资产收回的现金净额 | 254 000 |
| 处置子公司及其他营业单位收到的现金净额 | |
| 收到其他与投资活动有关的现金 | 10 800 000 |
| 投资活动现金流入小计 | 11 054 000 |
| 购建固定资产、无形资产和其他长期资产支付的现金 | 11 195 210 |
| 投资支付的现金 | |
| 取得子公司及其他营业单位支付的现金净额 | |
| 支付其他与投资活动有关的现金 | |
| 投资活动产生的现金流出小计 | 11 195 210 |
| 投资活动产生的现金流量净额 | −141 210 |
| 三、筹资活动产生的现金流量 | |
| 吸收投资收到的现金 | |
| 取得借款收到的现金 | 10 000 000 |
| 收到其他与筹资活动有关的现金 | |
| 筹资活动现金流入小计 | 10 000 000 |
| 偿还债务支付的现金 | 14 000 000 |
| 分配股利、利润或偿付利息支付的现金 | 621 093 |
| 支付其他与筹资活动有关的现金 | |
| 筹资活动现金流出小计 | 14 621 093 |
| 筹资活动产生的现金流量净额 | −4 621 093 |
| 四、现金及现金等价物净增加额 | 70 359 476 |
| 加：期初现金及现金等价物余额 | 50 810 049 |
| 五、期末现金及现金等价物余额 | 121 169 525 |

## 第二节 现金流量表解读

现金流量表的编制相对于资产负债表和利润表而言，难度要大很多。对于我们来讲，学习现金流量表的关键是要看得懂，会一些基本的分析，因而首先要了解其各个部分的具体构成。

### 一、经营活动现金流量表项目解读

列报经营活动现金流量的方法有两种：一种是直接法，另一种是间接法。直接法，就是根据表 6-1 所示的各类现金收入和现金支出的主要类别列示经营活动的现金流量；而间接法，则从净利润开始，分别列示利润和现金流量的区别。准则规定企业应当采用直接法编报现金流量表，同时要求在附注中披露将净利润调节为经营活动现金流量的信息，即以间接法来列报经营活动现金流量。由于间接法的编制比较复杂，我们在这里不作介绍，有兴趣的同学请自行阅读相关的资料。

#### (一) 经营活动的现金流入量

1. 销售商品、提供劳务收到的现金

**【实例 6-1】**

东方电子是一家以电力自动化设备制造为主业的工业企业，公司将逾 10 亿元炒股所得纳入主营业务收入，同时计入“销售商品、提供劳务收到的现金”，2000 年年报中主营业务收入高达 13.75 亿元（后调减为 8.71 亿元），相应的“销售商品、提供劳务收到的现金”达 11.09 亿元。2002 年，公司被迫进行重大会计差错更正，将 2000 年每股收益 0.52 元调减为 0.107 元，每股经营活动产生的现金流量净额 0.41 元下调至 0.12 元。

“销售商品、提供劳务收到的现金”到底应该核算哪些内容呢？10 亿元的炒股收入应该计入其中吗？

“销售商品、提供劳务收到的现金”反映企业销售商品、提供劳务实际收到的现金，包括销售收入和应向购买者收取的增值税销项税额，具体包括：本期销售商品、提供劳务收到的现金，前期销售商品、提供劳务本期收到的现金和本期预收的款项，减去因销售退回本期支付的现金。企业销售材料和代购代销业务等收到的现金，也在本项目反映。

可见，只有在证券公司，证券交易收入才是公司核心经营收入的一部分。对于东方电子这样的公司来讲，证券交易收入并不是公司的主营业务，这种业务的收益应该作为投资收益列入投资活动产生的现金流量项目中（关于投资活动产生的现金流量的核算内容在后面将有具体介绍）。

对于一个永续经营的公司来讲，报表使用者往往非常关注企业经营活动产生的现金流量，而“销售商品、提供劳务收到的现金”则是企业经营活动现金流入量中最重要的组成部分，若金额较小，则要予以高度关注。

2. 收到的税费返还

本项目反映企业收到返还的各种税费，如收到的增值税、营业税、所得税、消费税、关税和教育费附加返还款等。

3. 收到的其他与经营活动有关的现金

本项目反映企业除上述各项目外，收到的其他与经营活动有关的现金，如罚款收入、流动资产损失中由个人赔偿的现金收入等。

### （二）经营活动的现金流出量

1. 购买商品、接受劳务支付的现金

本项目反映企业购买材料、商品、接受劳务实际支付的现金，包括支付的货款以及与货款一并支付的增值税进项税额。

2. 支付给职工以及为职工支付的现金

**【实例 6-2】**

蓝田股份于 1996 年发行上市，从公布的财务报告来看，该公司上市后一直保持着优异的经营业绩：上市后净资产收益率始终维持在极高的水平。但在阅读蓝田公司 2001 年现金流量表时我们发现，根据“支付给职工以及为职工支付的现金”一栏所列的金额计算，该公司职员平均每月收入仅 144.5 元，该年上半年人均月收入为 185 元。

如此低的收入水平，对于盈利能力一向“优异”的蓝田股份而言是否合理呢？

“支付给职工以及为职工支付的现金”到底应该核算哪些内容呢？

“支付给职工以及为职工支付的现金”反映企业实际支付给职工的工资、奖金、各种津贴和补贴，以及为职工支付的其他费用，如养老、失业等社会保险基金。

3. 支付的各项税费

本项目反映企业按规定支付的各项税费，包括本期发生并支付的税费，以及本期支付之前各期发生的税费和预交的税金，如支付的营业税、增值税、所得税、教育费附加、印花税、房产税、土地增值税、车船使用税等。

4. 支付的其他与经营活动有关的现金

本项目反映企业除上述各项目外，支付的其他与经营活动有关的现金，如罚款支出、支付的差旅费、业务招待费、保险费等。

## 二、投资活动现金流量项目解读

### （一）投资活动的现金流入量

1. 收回投资所收到的现金

本项目反映企业出售或到期收回股票、债券等而收到的现金。

2. 取得投资收益收到的现金

本项目反映企业因股票投资和债券投资而取得的现金股利、利息，以及从子公司等分回利润而收到的现金。

3. 处置固定资产、无形资产和其他长期资产收到的现金

本项目反映企业出售固定资产、无形资产等长期资产所取得的现金，减去为处置这些资产而支付的有关税费后的净额。由于自然灾害等原因所造成的固定资产等长期资产报废、毁损而收到的保险赔偿收入，也在本项目中反映。

4. 处置子公司及其他营业单位收到的现金净额

本项目反映企业处置子公司及其他营业单位所取得的现金减去相关处置费用后的净额。

5. 收到的其他与投资活动有关的现金

本项目反映企业除上述各项目外，收到的其他与投资活动有关的现金。

### （二）投资活动的现金流出量

1. 购建固定资产、无形资产和其他长期资产支付的现金

本项目反映企业购买或建造固定资产、取得无形资产等长期资产支付的现金，包括购买机器设备所支付的现金、建造工程支付的现金、支付在建工程人员的工资等现金支出，不包括筹资租入固定资产所支付的租赁费（在“支付其他与筹资活动有关的现金”项目中反映）。

2. 投资所支付的现金

本项目反映企业取得股票和债券而支付的现金，以及支付的佣金、手续费等交易费用。

3. 取得子公司及其他营业单位支付的现金净额

本项目反映企业取得子公司及其他营业单位购买出价中以现金支付的部分，减去子公司或其他营业单位持有的现金和现金等价物后的净额。

4. 支付的其他与投资活动有关的现金

本项目反映企业除上述各项目外，支付的其他与投资活动有关的现金。

## 三、筹资活动现金流量项目解读

### （一）筹资活动的现金流入量

1. 吸收投资收到的现金

本项目反映企业以发行股票等方式筹集资金实际收到的款项净额（发行收入减去支付的佣金等发行费用后的净额）。以发行股票等方式筹集资金而由企业直接支付的审计、咨询等费用，在“支付的其他与筹资活动有关的现金”项目中反映。

2. 取得借款收到的现金

本项目反映企业举借各种短期、长期借款而收到的现金，以及发行债券实际收到的款项净额（发行收入减去直接支付的佣金等发行费用后的净额）。

3. 收到的其他与筹资活动有关的现金

本项目反映企业除上述各项目外，收到的其他与筹资活动有关的现金。

### （二）筹资活动的现金流出量

1. 偿还债务所支付的现金

本项目反映企业以现金偿还债务的本金，包括归还金融企业的借款本金、偿付企业到期的债券本金等。

2. 分配股利、利润或偿付利息支付的现金

本项目反映企业实际支付的现金股利、支付给其他投资单位的利润或用现金支付的借款利息、债券利息。

3. 支付的其他与筹资活动有关的现金

本项目反映企业除上述各项目外，支付的其他与筹资活动有关的现金，如以发行股

票、债券等方式筹集资金而由企业直接支付的审计、咨询等费用。

## 第三节　现金流量表分析

比较常用的现金流量表的分析角度和方法有总量分析、具体项目分析、结构分析、比率分析、趋势分析以及现金流量与利润综合分析等。我们将前 5 个方面的内容放在本节介绍，现金流量与利润综合分析放在第四节介绍。并且为简略起见，将现金流量表总量分析与具体项目分析放在一起。

### 一、现金流量表总量及重要项目分析

以下仅对现金流量表的个别重要项目作出分析。

#### （一）经营活动的现金流量

一般来说，企业经营活动产生的现金净流量应为正数，大于零的话，就表明企业正常经营活动不需要额外补充流动资金，能为投资活动贡献现金。若经营活动现金净流量为负数，表明企业经营活动现金流量质量不高，还要挤占本来可以用于投资活动的现金，就要引起高度重视，并追根溯源查原因。

其中，销售商品、提供劳务收到的现金，是企业现金流入的主要来源，应具有数量大、比重大的特点，在分析时应注意其现金流入的时点及范围。

表 6－1 中 A 公司经营活动产生的现金净流量为 75 121 779 元，销售商品、提供劳务收到的现金为 259 602 339 元，说明该公司经营活动现金流量质量较高，主营业务突出。

> **记住：**
>
> 经营活动是企业一切活动的核心，企业的投资活动和筹资活动要为经营活动服务。因此，在对现金流量信息进行分析时，经营活动的现金流量应当是重点。

#### （二）投资活动的现金流量

如果投资活动产生的现金净流量为正数，则表明投资活动为经营活动及筹资活动贡献现金，投资活动运作效率良好。如果投资活动产生的现金净流量为负数，则表明投资活动“入不敷出”，产生资金缺口。

其中，处置固定资产、无形资产等产生的现金流量，是偶发行为，时间不能持续。

当然，投资活动产生的现金净流量，需结合企业实际情况具体分析。一般来说，如果企业处于扩张时期，其投资活动产生的现金净流量可以为负值，只要企业有好的项目作为投资对象，能给企业未来带来更好的收益就行。

#### （三）筹资活动的现金流量

如果筹资活动产生的现金净流量为正数，则表明筹资活动为经营活动及投资活动贡献现金，筹资能力强，但同时，偿债压力也大。

其中，吸收筹资收到的现金反映了企业在资本市场筹资能力的强弱。

不过，在分析筹资活动产生的现金流量时，除了掌握现金流入与流出的数量大小外，

还要了解资金流动的方向，其中一个很重要的方面，便是筹集资金的用途。

一个运转正常的现金流程应当是经营活动产生的现金流入足以用于经营活动所需的现金流出，并有一定的现金净流量用于投资或用于偿还债务。如果经营活动产生的现金流入不足以满足经营活动所需的现金支出，则需通过短期银行借款等弥补，但企业的盈利能力和创造现金流的能力足以偿还短期债务。当企业扩张需要长期投资时，一般需要长期资金(发行股票或筹集长期借款)。如果长期投资有效，则企业不会面临债务困境。

最糟糕的情况是：经营活动现金流入严重不足，经常需要通过银行借款来弥补；同时，企业盲目扩张，举借大量长期债务。由于企业创造现金能力较弱，日积月累，企业将面临严重的财务短缺，甚至导致破产清算。很多曾经“风云一时”的企业，倒闭的历程就是这样的。

## 二、现金流量表结构分析

现金流量的结构分析是将现金流量表中某一项目的数字作为基数（即100%），再计算出该项目各个组成部分占总体的百分比，以分析各个项目的具体构成，从而揭示各个项目的相对地位和总体结构关系。现金流量结构分析包括流入结构、流出结构和流入流出比例分析。

下面以A股份有限公司2009年年报的现金流量表分析为例进行说明。

### (一) 现金流入的结构分析

现金流入的结构分析包括经营活动、投资活动和筹资活动的内部结构分析。它能反映企业各项业务活动的现金流入在全部现金流入中的比重，以及各项业务活动中具体项目的构成情况。通过了解企业现金的具体来源，明确要增加现金流入应从哪些方面着手。

根据A公司2009年的现金流量表，可以计算出该公司2009年的现金流入结构分析表，见表6-2。

**表6-2　　现金流入结构分析表**

| 项　　目 | 金额（元） | 结构百分比（%） |
|---|---|---|
| 经营活动的现金流入 | 287 713 581 | 93.18 |
| 其中：销售商品、提供劳务收到的现金 | 259 602 339 | |
| 　　收到的税费返还 | 23 009 472 | |
| 　　收到其他与经营活动有关的现金 | 5 101 770 | |
| 投资活动的现金流入 | 11 054 000 | 3.58 |
| 其中：收回投资收到的现金 | | |
| 　　取得投资收益收到的现金 | | |
| 　　处置固定资产等收回的现金净额 | 254 000 | |
| 　　收到其他与投资活动有关的现金 | 10 800 000 | |
| 筹资活动的现金流入 | 10 000 000 | 3.24 |
| 其中：吸收投资收到的现金 | | |
| 　　取得借款收到的现金 | 10 000 000 | |
| 　　收到其他与筹资活动有关的现金 | | |
| 　　现金流入合计 | 308 767 581 | 100 |

现金流量表分析的首要任务是分析各项活动谁占主导，从表 6-2 中可以看出，在 A 公司当年流入的现金中，经营活动流入的现金占 93.18%，筹资活动流入的现金占 3.58%，投资活动流入的现金占 3.24%。可见，A 公司当年流入的现金主要来源于经营活动，还有小部分来自投资活动和筹资活动，收入结构较为合理。

在经营活动流入的现金中，来自销售商品的流入占 90.23%。主营业务占绝大部分，说明 A 公司经营情况正常。很显然，A 公司要增加现金流入，主要还是要依靠经营活动，特别是来自销售的现金流入。

在投资活动流入的现金中，收到其他与投资活动有关的现金带来的现金流入占 97.7%，处置固定资产、无形资产等带来的现金流入占 2.3%，说明 A 公司投资带来的现金流入来自于两个方面，且大部分是收到其他与投资活动有关的现金，其余为处置固定资产、无形资产等。

**记住：**

一般来说，经营活动现金流入占现金总流入比重大的企业，经营状况健康，财务风险较低，现金流入结构较为合理。

在筹资活动流入的现金中，借款流入占筹资流入的 100%，为唯一来源。没有吸收投资收到的现金。

## （二）现金流出的结构分析

现金流出的结构分析包括经营活动、投资活动和筹资活动的内部结构分析。它能反映企业各项业务活动的现金流出在全部现金流出中的比重，以及各项业务活动中具体项目的构成情况。通过了解企业现金的具体去向，明确要减少现金流出应从哪些方面着手。一般来说，经营活动现金支出比重大的企业，其生产经营状况正常，现金支出结构较为合理。

根据 A 公司 2009 年的现金流量表，可以计算出该公司 2009 年的现金流出结构分析表，见表 6-3。

**表 6-3　现金流出结构分析表**

| 项　目 | 金额（元） | 结构百分比（%） |
|---|---|---|
| 经营活动的现金流出 | 212 591 802 | 89.17 |
| 其中：购买商品、接受劳务支付的现金 | 114 977 469 | |
| 支付给职工以及为职工支付的现金 | 36 090 466 | |
| 支付的各项税费 | 33 141 931 | |
| 支付其他与经营活动有关的现金 | 28 381 935 | |
| 投资活动的现金流出 | 11 195 210 | 4.7 |
| 其中：购建固定资产等支付的现金 | 11 195 210 | |
| 投资支付的现金 | | |
| 支付其他与投资活动有关的现金 | | |
| 筹资活动的现金流出 | 14 621 093 | 6.13 |
| 其中：偿还债务支付的现金 | 14 000 000 | |
| 支付股利、利息支付的现金 | 621 093 | |
| 支付其他与筹资活动有关的现金 | | |
| 现金流出合计 | 238 408 105 | |

从表 6－3 中可以看出，在 A 公司当年流出的现金中，经营活动流出的现金占 89.17％，筹资活动流出的现金占 4.70％，投资活动流出的现金占 6.13％。可见，企业当年现金流出主要在经营活动方面，其投资活动、筹资活动占用现金很少。

在经营活动流出的现金中，购买商品和劳务占 54.08％，支付给职工的以及为职工支付的现金占 16.98％，各项税费占 15.59％，支付的其他与经营活动有关的现金为 13.35％，前两项共占 71.06％，后两项占 28.94％。

在投资活动流出的现金中，购置固定资产、无形资产和其他长期资产所支付的现金占 100％。

在筹资活动流出的现金中，偿还债务支付的现金占 95.75％，分配股利、利润或偿付利息支付的现金占 4.25％。

### （三）现金净流量的结构分析

现金净流量的结构分析是指经营活动、投资活动、筹资活动产生的现金流量占全部现金净流量的比重。根据 A 公司 2009 年的现金流量表，可以计算出该公司 2009 年的现金净流量结构分析表，见表 6－4。

**表 6－4　　现金净流量结构分析表**

| 项　　目 | 金额（元） | 结构百分比（％） |
|---|---|---|
| 经营活动现金净流量 | 75 121 779 | 106.77 |
| 投资活动现金净流量 | －141 210 | －0.2 |
| 筹资活动现金净流量 | －4 621 093 | －6.57 |
| 现金净流量合计 | 70 359 476 | 100 |

从表 6－4 可以看出，该公司的现金流入与流出主要来自于经营活动所得，用于经营活动所支，其部分经营现金流量净额用于补偿投资和筹资支出。一般来说，对于一家健康的正在成长的公司来说，经营活动现金流量应为正数，投资活动的现金流量应为负数，筹资活动的现金流量应是正负相间的，A 公司的现金流量基本体现了这种成长性公司的状况。从现金净流量的内部结构看，经营活动产生的现金净流量为正数，且金额较大，说明公司的经营状况良好，为公司投资活动和筹资活动的现金流出提供了保证。当然，投资者需要密切关注经营状况的变化，一旦经营状况陷入危机，财务状况将会随之恶化。

## 三、现金流量表主要财务比率分析

### （一）偿债能力比率分析

我们在第二章曾经说过，筹资活动不过是资金流的跨期交换，并且是用承诺未来资金付出来换取当前的资金流入。因而对于债权人而言，他们最为关心的便是企业的偿债能力，即企业到期还本付息的能力。通过第四章的学习，我们知道可以利用资产负债表计算流动比率，来分析企业的偿债能力。由于存货、应收账款等流动资产的流动性较弱，变现能力较差，如果上述资产在企业的流动资产中占的比例过大，则流动比率再大，偿债能力仍不强，因此，仅用流动比率等指标来分析企业的偿债能力，往往有失偏颇。所以，我们往往要结合现金流量表来进行分析。

评价偿债能力，最主要的是要分析企业经营活动产生的现金净流量，同时还要结合企业的负债状况进行分析。

1. 现金流动负债比

现金流动负债比＝经营活动现金净流量÷流动负债

**【实例 6－3】**

根据 A 公司的报表资料，已知该公司期末流动负债是 65 016 644 元。

根据公式，可以计算出该公司的现金流动负债比＝75 121 779÷65 016 644＝1.16

该比率反映了流动负债所能得到的现金保障程度。

这个比率越大，说明企业短期偿债能力越强。那么，是不是经营现金净流量必须大于流动负债呢？并非如此，新的流动负债也在不断提供新的资金，经营现金需要满足的只是周转所需的现金。需要注意的是，分析该指标应结合流动比率、速动比率、应收账款周转率等进行对比分析，以准确判断企业短期偿债能力的强弱及原因，从而作出正确的投资决策。

2. 现金债务总额比

现金债务总额比＝经营活动现金净流量÷债务总额

**【实例 6－4】**

根据 A 公司的报表资料，已知该公司期末债务总额为 75 816 644 元。

根据公式，可以计算出该公司的现金债务总额比为 75 121 779÷75 816 644＝0.99

该比率可以反映企业用每年的经营活动现金流量偿付所有债务的能力。这个比率越大，说明企业承担债务的能力越强。反之，该比率越小，企业承担债务能力就越差。

对于债权人来讲，现金流量比率和现金债务总额比总是越高越好。这两个比率越高，说明公司的偿债能力越强；现金流量比率越低，说明公司的偿债能力越弱。但对于企业来讲，这两个比率并不是越高越好。因为在公司的所有资产中，现金是流动性最好的资产，同时也是盈利能力最低的资产。保持过高的现金比率，就会使企业的资产过多地保留在盈利能力最低的现金上，虽然提高了企业的偿债能力，但同时也降低了企业的获利能力。因此，对于企业来讲，一般不应该保持过高的现金比率，只要能保持一定的偿债能力，不会发生债务危机即可。

## （二）获取现金能力分析

1. 销售现金比率

销售现金比率＝经营活动现金净流量÷销售收入

**【实例 6－5】**

根据 A 公司的报表资料，已知该公司 2009 年的销售收入是 321 215 501 元。

根据公式，可以计算出该公司的销售现金比率为 75 121 779÷321 215 501＝0.23

该比率可以衡量企业销售收入产生现金流量的能力。

该比率越高，说明销售收入产生现金流量的能力越强。但是，这并不是说销售净现率越高越好，因为过高的销售净现率可能是由于企业信用政策、付款条件过于苛刻所致，这样会限制企业销售量的扩大，从而影响企业的盈利水平。评价企业销售净现率的合理水平，应结合企业所处行业的平均水平和企业信用政策进行综合考虑。

2. 每股营业现金净流量

每股营业现金净流量=(经营活动现金净流量－优先股股利)÷流通在外的普通股股数

**【实例 6-6】**

根据A公司的报表资料，已知该公司流通在外的普通股股数为 48 000 000 股。

根据公式，可以计算出该公司的每股营业现金净流量为 75 121 779÷48 000 000=1.565

该比率反映公司每股流通在外的普通股创造现金的能力，同时也反映公司最大的分派股利的能力。此例中，A公司最大的分派股利能力为 1.565 元/股，超过此限度，就要借款分红。该指标是投资者应充分注意的指标。该比率越大，说明企业支付现金股利能力越强。当然，这并不意味着投资者的每股股票就可以获取更多股利。股利发放与股利政策有关，如果公司无意发放股利，而是更愿意用这些现金流量进行再投资，以扩大生产规模，期望获取较高的再投资收益，从而提高公司的盈利能力，这时，每股营业现金净流量的意义就不是很大。

3. 全部资产现金回收率

全部资产现金回收率=经营活动现金净流量÷全部资产

**【实例 6-7】**

根据A公司的报表资料，已知该公司 2009 年全部资产总额为 275 914 062 元。

根据公式，可以计算出该公司的全部资产现金回收率为 75 121 779÷275 914 062=0.27

该指标反映公司每元资产创造现金的能力，用来评价公司全部资产的质量及其运营效果。该比率越高，说明企业资产运营效率就越高，创现能力就越强。此例中A公司的每元投资可以产生 0.27 元现金，这表明在大约 4 年的时间里，A公司可以依靠主营业务收回全部投资。

## 四、现金流量表趋势分析

现金流量表趋势分析，主要是通过观察连续几个报告期的现金流量表，对报表中的全部或部分重要项目进行对比，比较分析各期指标的增减变化，并在此基础上判断其发展趋势，进而对企业未来发展趋势作出预测的一种方法。限于篇幅，我们不再对此进行分析。

但是，现金流量表趋势分析还包括企业在不同发展阶段现金流量趋势的差异分析。一般来说，企业处于不同生命周期时，其各个部分的现金流量也存在不同的特征：

(1) 在产品初创期，由于产品还处在市场开拓阶段，需要投入大量资金购买原材料、购买设备，产品赊销往往比较多，企业的经营活动现金流量往往为负，而市场的开拓、生产能力的进一步形成都需要追加投资，因此投资活动现金流量往往也为负，这时企业的现金主要来源于筹资活动。

(2) 在产品成长期，产品销售快速增长，经营现金流量一般为正。同时，为扩大市场份额，企业需要不断地追加投资，投资活动现金流量依然为负，经营活动现金流量很可能不足以满足投资所需现金，必须筹集一定的外部资金，因此筹资活动现金流量可能继续为正。

（3）在产品成熟期，产品销售稳定，并进入投资回收期，因此经营活动现金流量和投资活动现金流量往往均为正，财务状况稳定，此时现金往往被用来偿还部分债务，筹资活动现金流量往往为负。

（4）进入衰退期后，市场萎缩，产品的市场占有率下降，企业经营活动现金流量为负，同时企业为了偿付债务，不得不大规模收回投资以弥补现金的不足，因此企业投资活动现金流量往往为正，筹资活动现金流量往往为负。

当然，对于任何一个企业来讲，经营活动现金流入，主要是销售商品和提供劳务收到的现金，数额越大越好，因为这代表企业正常获取现金的能力。企业的大部分现金都来源于经营活动的现金流入，创造长期稳定的正向经营活动现金流，是任何企业在长期发展中必须实现的目标，否则企业将难以长期生存。

## 第四节　现金流量与利润综合分析

### 一、现金和利润的比较

现金和利润，两者之间到底哪一个更重要？

可能有相当一部分人会回答：利润！企业追求的不就是利润吗？

其实，从财务管理的角度出发，答案不是利润，而是现金！从企业运作的角度出发，答案也是现金！有人曾作了这样一个比喻：假如你正处在一个沙漠的中心地带，由于体力有限，你必须抛弃背包里两样东西中的一样，它们是水和面包，你会留下什么呢？那么答案一定是水。水就好比是现金，而面包好比是利润。这个比喻非常形象地回答了利润和现金孰轻孰重的问题。

盈利是公司获得现金净流入的根本源泉，而获得足够的现金则是公司创建优良经营业绩的有力支撑。对一个经营者来说，如果没有现金，缺乏购买与支付能力是致命的。企业的经营者由于管理的要求需要了解现金流量信息。另外，与企业有密切关系的债权人、个人投资者、银行、财税、工商等不仅需要了解企业的资产、负债、所有者权益的结构情况与经营状况，更需要了解企业的偿还支付能力，了解企业现金流入、流出及净流量信息。

### 二、现金和利润的差别

企业资不抵债不一定破产清算，但如果没有现金流量就一定会破产清算。原巨人集团、德隆集团、爱多、普尔斯马特等，面临倒闭的原因惊人的相似，都是因为企业资金流的断裂，导致企业经营失败。一项权威的研究表明，将近4/5的破产企业是盈利企业。可见，在企业的经营中，由于资金链断裂而导致失败的占了很大比例。为什么盈利的企业还会缺钱？甚至倒闭呢？

要回答这些问题，我们先来看一个例子。

**【实例6－8】**

锐克广告公司成立于2008年4月1日，注册资本金为30 000元，该公司2008年共发生如下业务：

王方、张明、周宾于4月1日各出资10 000元作为公司的注册资本金。

公司从4月1日起租用办公室，一次性支付全年租赁费24 000元（每个月2 000元）

4月1日，公司从银行贷款10 000元，本金及利息（年利率为10%）到2009年1月支付。

4月1日，公司支付现金25 000元买入办公设备，设备使用寿命为5年，无残值，采用直线法计提折旧。

2008年，公司共实现广告收入80 000元，其中有50 000元到年末还没有收款。

2008年，公司实际支付职工工资及各种奖金40 000元。

2008年，公司购买办公用品6 000元，其中1 000元尚未支付，年末办公用品存货为500元。

王方等很高兴地发现公司在2008年实现盈利12 000元，然而他们却惊讶地发现公司到年底存款账户透支24 000元，并且由于银行贷款已经到期，大家都感到压力非常大。

为什么锐克公司明明盈利了却出现了现金缺口？巨大的透支额是否意味着该公司即将破产？公司的未来发展前景如何？

通过［实例6-8］我们可以看出，经济业务发生后，利润和现金并不是朝同一个方向变化。利润大并不代表企业现金流量充足，同样，现金流量充足也并不表示企业利润大。有些收入，增加利润但未发生现金流入。例如，上例中锐克公司本期的营业收入有80 000元，而本期新增应收账款却有50 000元，这种增加收入及利润但未发生现金流入的业务，是造成两者产生差异的原因之一。同样，有些成本费用，减少利润但未伴随现金流出。例如，上例中固定资产折旧只是按权责发生制、配比原则要求将这些资产的取得成本，在使用它们的受益期间合理分摊，并不需要付出现金。

这些差异是由于两者的计算基础不同造成的，利润表中的利润额是按权责发生制计算的，而现金流量表中的现金流量是按收付实现制计算的，这表明利润的增加并不同时代表现金流量净额的增加，同样，利润的减少也并不同时代表现金流量净额的减少。现实中，有的企业虽账面盈利颇丰，却因现金流不充沛而亏损；有的企业虽长期亏损，却能依赖现金流得以长期生存。

虽然从权责发生制会计角度看锐克公司是盈利的，但总的现金流量却是负数。对于这一点我们应该不难理解，正如第三节所分析，新成立的企业在初始阶段往往投入大量资金购买原材料、购买设备，而商品和服务往往是赊销出去的，因此，不能马上产生现金流入。虽然目前来看，锐克公司是盈利的，但如果王方等不尽快摆脱资金不足的局面，企业可能马上面临破产问题。为了继续经营，投资者必须继续注入资金，或将银行贷款延期或加速应收账款的收回。

## 三、通过现金流量分析看企业盈利质量

在评价一个公司盈利状况时，我们往往依据该公司利润表的财务数据，看重的是每股收益、净资产收益率，却忽视了一个问题：利润表所列示的利润都能实现吗？或者说都能转化成现金吗？如果不能，或者有相当部分不能，每股收益、净资产收益等指标就没有意义，就不能作为投资决策的参考。

利润一般表示公司在一定期间生产经营的最终财务成果，是反映公司经营业绩和盈利能力的重要指标。通过第五章的学习，我们已经知道，利润是收入减去费用的差额，而收入费用的确认与计量是以权责发生制为基础，并不管是否实际收到或付出了现金，以此计算的利润常常使一个企业的盈利水平与其真实的财务状况不符。有的企业账面利润很大，但现金却入不敷出，举步艰难；而有的企业虽然巨额亏损，却现金充足，周转自如。但是利润有时候并不能客观地揭示公司真实的盈利状况，所以，仅以利润来评价企业的盈利能力和质量有失偏颇。如能结合现金流量表所提供的现金流量信息，特别是经营活动现金净流量的信息进行分析，则较为客观全面。具体分析时，可将现金流量表的有关指标与资产负债表和利润表的相关指标进行对比，以评价企业利润的质量。

判断一个企业盈利质量的高低涉及资产负债表、利润表和现金流量表的分析，指标多，计算复杂，对于初学者而言，应特别关注“净利润现金比率”这个指标。

净利润现金比率＝经营现金净流量÷净利润

正如前面所介绍的，经营现金净流量是衡量一个企业自我创造现金能力的指标，正的经营现金净流量是一个企业长期健康发展的保证，没有经营性现金净流量保证的收益，其质量是不可靠的。

这一比率反映本期经营活动产生的现金净流量与净利润之间的比例关系。也就是说，企业每实现1元的账面利润中，实际有多少现金在支撑。一般情况下，该比例越大，表明企业盈利质量越高。当然，也有特殊情况，比如一家公司收到大量预付款，没有确认收入，不计算利润，但此时比例也非常高。如果该比例过低，说明其经营活动产生现金的能力很差，其收益很可能来自于经营活动以外，或者经营活动产生的收益不稳定、不可靠，或者说明应收账款和存货挤占了利润，不论哪种情况都说明企业的盈利质量较差。

> **记住：**
>
> 盈利企业破产的一个重要原因就在于企业的盈利质量低，企业空有账面盈余而没有维持经营周转所必需的现金。

假设上述A公司的净利润为81 682 980元，则其净利润现金比率为75 121 779÷81 682 980＝0.92，说明该公司的盈余质量是得到现金流量支持的。

值得注意的是，如果发现有的企业利润很高，而经营活动的现金流量不充足，甚至出现负数，应格外谨慎地判断企业的经营成果。如银广夏就是一个典型的例子。

**【实例6-9】**

1999年银广夏净利润增长43%，2000年更是达到277%，与此不相协调的是，经营活动产生的现金净流量1999年不增反而减少16.57%，2000年经营现金净流量仅比上年增加37%。这导致经营现金净利润比率1999年为－0.048，2000年也仅为0.278。这表明来自公司自身造血机能的现金流量有问题。

不过，盈利质量分析仅仅是对一个上市公司整体投资质量评价过程中要考虑的因素之一，并非全部。因此，在对公司整体进行评价时，分析者应该将财务报表分析和公司的整体环境结合起来，根据各个公司的具体情况，灵活运用各种分析指标，才能得出恰当的评价。

## 相关链接

### 银广夏事件

1994 年 6 月上市的银广夏公司，曾因其骄人的业绩和诱人的前景而被称为“中国第一蓝筹股”。2001 年 8 月，《财经》杂志发表“银广夏陷阱”一文，银广夏虚构财务报表事件被曝光。从原料购进到生产、销售、出口等环节，该公司伪造了全部单据，包括销售合同和发票、银行票据、海关出口报关单和所得税免税文件。整个事情，从大宗萃取产品出口到银广夏利润猛增到股价离谱上涨，是一场彻头彻尾的骗局。

2001 年 9 月后，因涉及银广夏利润造假案，财政部吊销深圳中天勤会计师事务所（曾是审计过上市公司财务报表最多的事务所）的执业资格，并会同证监会吊销其证券、期货相关业务许可证。

## 本章小结

本章主要介绍了现金流量表及其分析。现金流量表的核心是现金流量，企业的现金流量由经营活动产生的现金流量、投资活动产生的现金流量和筹资活动产生的现金流量三部分构成。现金流量表的分析主要是通过将现金流量表与资产负债表、利润表的相关项目结合起来，分析企业的偿债能力、获取现金能力和盈利质量。除了比率分析法外，结构分析法也是我们需要掌握的基本方法。

## 关键词

现金　　现金等价物　　现金流量　　现金净流量
现金流量表　　经营活动　　投资活动　　筹资活动
利润　　结构分析法

## 课堂讨论题

1. 现金净流量与资产负债表中的货币资金项目是什么关系？

2. 现金流量表能提供哪些对经营决策有用的信息？

3. 在分析现金流量表时，投资者经常发现经营活动现金流量净额与利润表中的净利润不一致，其原因何在呢？

## 案例练习 1

### 海尔中报报喜 经营现金流大幅增长 1051%

青岛海尔（股票代码 600690）发布的 2009 年中报显示，2009 年 1～6 月，公司实现营业收入约 166.06 亿元，同比减少了 12.15%；实现每股收益 0.497 元，同比增长 21.222%；归属母公司股东的净利润为 6.66 亿元，同比增长 21.30%。

利润报喜之余，公告还有“惊喜”。公司公告表示，期内经营活动产生的现金流量净额约为 36.6 亿元，同比增长 1 051.95%之巨。之所以出现如此大幅增长，公司解释主要是“报告期内销售政策调整、回款结构变化、预收客户货款增加”以及“购买设备等投资性项目的减少所致”。

2009年上半年，海尔应收账款约为29.06亿元，而应付账款约为16.06亿元，同比上一年都有巨大增幅。受到经营活动产生的现金流加剧影响，公司每股经营活动产生的现金流量净额达到2.735元，同比增长了1 054.01%。

分析人士表示，二季度海尔的销售商品、提供劳务收到的现金为88.55亿元，环比增长了224.95%，这或与公司制定了更为严格的销售政策有关，即有可能加大了预收款销售，因而导致期内经营活动产生的现金流量大举增加。

海尔表示，2009年上半年公司商业模式大举创新，由大规模生产向大规模定制零库存下的即需即供转变，改善订单体系，达到制造商的即需即制。营销上的现款现货，物流商的即需即送，运营效率获得提高。另外就是家电下乡背景下的“销售到村”策略，改善公司的服务网络，加上产品创新，尤其对现金进行了加强管控，实现了经营活动产生的现金流量净额的大幅增长。

主营业务方面，公司在总体冰箱行业下降的形势下，实现了销售收入升级。统计显示，1～6月家电下乡冰箱产品中，海尔冰箱实现收入占比超过40%。期内冰箱业务实现收入80.37亿元，同比增长8.45%，冷柜业务实现收入14.89亿元，同比增长了11.61%。

2009年上半年，海尔的小家电是总体业务中收入减少最大的一块。企业小家电营业收入为3.62亿元，毛利率同比减少了6.69%。

（资料来源：http：//finance.qq.com/a/20090811/001504.htm）

要求：经营活动产生的现金流量具体包括哪些内容？哪些措施可以增加企业的经营活动现金流量？每股经营活动产生的现金流量净额达到2.735元是如何计算出来的？该数字说明了什么问题？有人认为海尔经营活动产生的现金流量大举增加和实行的更为严格的销售政策有关，那么，企业制定的销售政策是不是越严格越好呢？

**案例练习2**

**213家“铁公鸡”十年未拔毛**

根据上海财汇数据统计，1 947家上市公司2010年中期净利润累计超过7 800亿元，同比增幅超过四成。但在这1 947家公司中，不足70家公司发布了利润分配预案，而有现金分红的上市公司只有53家，派现总额为789.38亿元，仅为1 947家公司净利润总额的10.09%。

在这53家公司中，沪深主板公司只有22家，创业板为4家，中小板公司达到27家。其中，每10股派现超过5元的共有6家，梦洁家纺以每10股派现8元的比例坐上“中期派现王”的宝座。而且单位派现超过3元的均为中小板公司，共有16家。

不过，如果从派现总额来看，农业银行最高，而石化双雄表现也很出众。农业银行拟派发现金股利320.77亿元（含税），合计每10股分红1.19元。中国石油拟每10股派1.61元，合计派现金额高达294亿元，中国石化也拿出69.36亿元分给投资股东。

在今年中期分红的上市公司中，中联重科和三一重工备受市场关注。公告显示，继去年年报提出分配方案后，三一重工中报向全体股东每10股送红股11股，派发现金红利1.3元。中联重科更是每10股派1.7元送15股。记者查阅发现，从海外收购到计划H股上市，再到大比例分红派送，这两家公司的步调几乎一致。有市场分析师就表示，这两家公司先后推出高送转方案，除了看好行业前景外，主要是上市筹资保驾护航。

对部分创业板公司的高送转，有人表示这些公司 IPO 超募资金太多，具有大比例分红的能力。

然而，记者对 2001 年之前上市的公司统计发现，在 2000 年到 2010 年上半年期间，共有 213 家公司没有分红派现记录。如果剔除 S 股和 ST 股，吝啬的葛朗台达到 140 家。其中，汇通能源（股票代码 600605）自 1992 年 3 月 27 日上市以来，仅 1993 年和 1997 年两年有现金分红，再加上 1998 年每 10 股送 2 股外，累计 15 年没有给投资者派发一分钱。而这些“铁公鸡”让机构非常失望，其中在汇通能源的股东中，除了第二大股东为信托公司外，没有一家机构进入。铁公鸡年龄超过 10 岁的美菱电器，截至 2010 年 6 月 30 日，仅 3 家机构持有 604.14 万股。

（资料来源：http：//finance. ifeng. com/stock/zqyw/20100901/2574346. shtml）

要求：为什么有些上市公司盈利颇丰却吝于分红？投资者在评价一个上市公司盈利状况时，除了利润表的数据外，还应该关注哪些信息？汇通能源不分红可能是出于什么样的考虑？会不会是现金流短缺？

# 第七章　所有者权益变动表、财务报表附注的解读及分析

**学习目标**

1. 了解所有者权益变动表的性质与作用、格式与内容。
2. 掌握所有者权益变动表的阅读以及重点项目的分析方法。
3. 了解财务报表附注的内容与作用。
4. 了解财务报表附注的分析方法。

**案例引入**

2010年4月1日，上海陆家嘴金融贸易区开发股份有限公司（股票代码600663）公布2009年年度报告，在报告的第四部分“股本变动及股东情况”中提到：“报告期内，公司股份总数及股本结构未发生变化。上海陆家嘴（集团）有限公司持有的限售股份发生变动，年初限售股数1 067 736 437股，本年解除限售股数1 067 736 437股，限售原因为股改限售，解除限售日期为2009年1月6日。”

所有者权益变动表是一张什么样的报表？作为企业投资者，如何从所有者权益变动表了解所有者权益增减变动情况？企业经营的好坏对所有者有什么影响？哪些因素会影响所有者权益的增减变动？是不是所有的财务信息都能在四张财务报表中得到充分的披露？还是需要进行额外的表外披露？请带着这些疑问进入下面的内容，本章着重对所有者权益变动表、财务报表附注进行解读和分析。

## 第一节　所有者权益变动表解读及分析

企业会计准则中，将财务会计报告的目标定义为向财务报告使用者提供与企业财务状况、经营成果和现金流量等有关的会计信息，这一定义反映出企业管理者“受托履行责任”的“管家”身份。随着资本市场的不断发展和完善，企业的所有者（股东）越来越重视自己的利益，他们迫切需要了解自己的权益状况。而影响所有者权益的项目很多，也很复杂，因此需要通过一张专门的报表来报告所有者权益的变动情况。所有者权益变动表就是用于向企业的投资者反映其权益的增减变动，并评估企业管理者的“受托管理责任”履行效果的报表。股份公司的所有者权益变动表又叫股东权益变动表。

### 一、所有者权益变动表的性质与作用

所有者权益变动表是反映构成所有者权益的各组成部分当期的增减变动情况的报表，属于动态报表。所有者权益变动表应当全面反映一定时期所有者权益变动的情况，不仅包

括所有者权益总量的增减变动，还包括所有者权益增减变动的重要结构性信息，特别是要反映直接计入所有者权益的利得和损失，让报表使用者准确理解所有者权益增减变动的根源。

通过对所有者权益变动表的分析，报表使用者既能了解所有者权益的变化，也能考核企业管理者对企业的管理是否有效率，是否真正提高了企业的业绩。详细地讲，该表的作用主要有：

(1) 通过该表，可以清楚地了解企业当期损益、直接计入所有者权益的利得和损失。在一定程度上体现了企业综合收益。综合收益的构成包括两部分：净利润和直接计入所有者权益的利得和损失。其中，前者是企业已实现并已确认的收益，后者是企业未实现但根据会计准则的规定已确认的收益。

(2) 通过该表，可以一目了然地看到所有者权益各组成部分增减变动的结构性变化情况。

(3) 通过该表，可以直观地了解企业利润的分配情况。

(4) 通过该表，还能揭示企业使用留存收益和公积金的情况。

## 二、企业所有者权益变动表的列报方法

### (一) 所有者权益变动表各项目的列报说明

“本年增减变动额”项目分别反映如下内容：

(1)“净利润”项目，反映企业当年实现的净利润（或净亏损）金额，并对应列在“未分配利润”栏。

(2)“直接计入所有者权益的利得和损失”项目，反映企业当年直接计入所有者权益的利得和损失金额。

(3)“所有者投入和减少资本”项目，反映企业当年所有者投入的资本和减少的资本。其中，“所有者投入资本”项目，反映企业接受投资者投入形成的实收资本（或股本）和资本溢价或股本溢价，并对应列在“实收资本”和“资本公积”栏。

(4)“利润分配”下各项目，反映当年对所有者（或股东）分配的利润（或股利）金额和按照规定提取的盈余公积金额，并对应列在“未分配利润”和“盈余公积”栏。其中，“提取盈余公积”项目，反映企业按照规定提取的盈余公积。“对所有者（或股东）的分配”项目，反映对所有者（或股东）分配的利润（或股利）金额。

(5)“所有者权益内部结转”下各项目，反映不影响当年所有者权益总额的所有者权益各组成部分之间当年的增减变动，包括资本公积转增资本（或股本）、盈余公积转增资本（或股本）、盈余公积弥补亏损等金额。为了全面反映所有者权益各组成部分的增减变动情况，所有者权益内部结转也是所有者权益变动表的重要组成部分，主要指不影响所有者权益总额、所有者权益的各组成部分当期的增减变动。其中，“资本公积转增资本（或股本）”项目，反映企业以资本公积转增资本或股本的金额。“盈余公积转增资本（或股本）”项目，反映企业以盈余公积转增资本或股本的金额。“盈余公积弥补亏损”项目，反映企业以盈余公积弥补亏损的金额。

### （二）上年金额栏的列报方法

所有者权益变动表“上年金额”栏内各项数字，应根据上年度所有者权益变动表“本年金额”栏内所列数字填列。

### （三）本年金额栏的列报方法

所有者权益变动表“本年金额”栏内各项数字一般应根据“实收资本（或股本）”、“资本公积”、“盈余公积”、“利润分配”等科目的发生额分析填列。

企业的净利润及其分配情况作为所有者权益变动的组成部分，不需要单独设置利润分配表列示。

**【实例 7－1】 所有者权益变动表**

表 7－1　　所有者权益变动表

编制单位：　　年度　　单位：元

| 项目 | 本年金额 | | | | | 上年金额 | | | | |
|---|---|---|---|---|---|---|---|---|---|---|
| | 实收资本（或股本） | 资本公积 | 盈余公积 | 未分配利润 | 所有者权益合计 | 实收资本（或股本） | 资本公积 | 盈余公积 | 未分配利润 | 所有者权益合计 |
| 一、本年年初余额 | | | | | | | | | | |
| 二、本年增减变动金额（减少以“－”号填列） | | | | | | | | | | |
| （一）净利润 | | | | | | | | | | |
| （二）直接计入所有者权益的利得和损失 | | | | | | | | | | |
| 上述（一）和（二）小计 | | | | | | | | | | |
| （三）所有者投入和减少资本 | | | | | | | | | | |
| 1. 所有者投入资本 | | | | | | | | | | |
| 2. 其他 | | | | | | | | | | |
| （四）利润分配 | | | | | | | | | | |
| 1. 提取盈余公积 | | | | | | | | | | |
| 2. 对所有者（或股东）的分配 | | | | | | | | | | |
| 3. 其他 | | | | | | | | | | |
| （五）所有者权益内部结转 | | | | | | | | | | |
| 1. 资本公积转增资本（或股本） | | | | | | | | | | |
| 2. 盈余公积转增资本（或股本） | | | | | | | | | | |
| 3. 盈余公积弥补亏损 | | | | | | | | | | |
| 4. 其他 | | | | | | | | | | |
| 三、本年年末余额 | | | | | | | | | | |

通过［实例 7－1］可以看出，表的整体格式为从左到右列示了所有者权益的组成项目，自上而下反映了各项目年初至年末的增减变动过程。

(1) 从报表反映的时间看，所有者权益变动表列示了两个会计年度的所有者权益各项目的变动情况，便于报表使用者对前后两个会计年度的所有者权益和各组成项目进行动态分析。

(2) 从反映的项目来看，所有者权益变动表反映的内容包括：所有者权益各项目本年年初余额的确定，本年度取得的，影响所有者权益增减变动的收益、利得和损失，所有者投入和减少资本引起的所有者权益的增减变化，利润分配引起的所有者权益的增减变化，所有者权益内部项目之间的相互转化等。

对所有者权益变动表进行阅读和分析，需要关注的最重要的内容是本年增减变动金额。所有者权益变动表各个项目之间的关系，具体见下列公式：

本年年末余额＝本年年初余额＋本年增减变动金额

本年增减变动金额＝净利润＋直接计入所有者权益的利得和损失＋所有者投入和减少资本＋利润分配＋所有者权益内部结转

**知识扩展**

新《企业会计准则——基本准则》引入了"利得"和"损失"的概念，并规定利得是指出企业非口常活动形成的、与所有者投入资本无关的、会引起所有者权益增加的经济利益的流入。损失是指由企业非日常活动形成的、与所有者利润分配无关的、会引起所有者权益减少的经济利益的流出。这两个概念的引入，使得传统会计收益的范围得以扩展。

## 三、所有者权益变动表重点项目分析

所有者权益变动表就是要告诉我们影响 4 个组成项目的因素有哪些，影响有多大。

### (一) 股本变动情况的分析

股本是股东实际投入公司的资本，是公司经营的本钱，股本的大小反映公司经营规模的大小。股本的增加包括资本公积的转入、盈余公积的转入、利润分配的转入和发行新股等多种渠道。在分析时，应注意以下三个方面。

(1) 资本公积和盈余公积转增资本并不影响股东权益总额，但资本公积和盈余公积转增资本后，公司注册资本会增大，这样造成流通股票数量的增加，由于转增股以后，股票必须除权，如果行情不好，股价会下跌，股东的股票价值会加速减值。因此，分析资本公积和盈余公积转增资本的利弊，要从公司的长远发展和股票市场的具体表现情况来进行。

(2) 公司分派股票股利，一方面增加了公司的股本，另一方面也增加了股东手中股票的数量，同样也会稀释股票的价格。

(3) 发行新股既能增加注册资本和股东权益，又可增加公司的现金资产，这是对公司最有效的增股方式。

**【实例 7－2】　方正科技股本变动情况的分析**

方正科技（股票代码 600601），于 2010 年 7 月通过配股方式募集资金，股本增加 4.68 亿股。方正科技本次配售股票上市的相关信息：

(1) 上市地点：上海证券交易所。

(2) 上市时间：2010 年 7 月 19 日。

(3) 股票简称：方正科技。

(4) 股票代码：600601。

(5) 本次配股前总股本：1 726 486 674 股。

(6) 本次配股增加的股份：468 404 530 股。

(7) 本次配股完成后总股本：2 194 891 204 股。

(8) 发行前股东所持股份的流通限制及期限：发行前本公司股份已全流通，无流通限制。

(9) 本次发行股份的锁定安排：本次发行股份无锁定安排，全部为无限售流通股。

(10) 股票登记机构：中国证券登记结算有限责任公司上海分公司。

(11) 上市保荐人：中信建投证券有限责任公司。

**【实例 7-3】 太阳电缆股本变动情况的分析**

太阳电缆（股票代码 002300）截止 2009 年 12 月 31 日公司股份总数 13 400 万股的基数，每 10 股转增 5 股，共计转增 6 700 万股。转增后公司总股本将从 13 400 万股增加至 20 100 万股，注册资本将从人民币 13 400 万元增加至人民币 20 100 万元。

**知识扩展**

除了增发、配股、送股等因素引起股本变动外，还有两个特殊的因素也会引起股本变动：一是公司回购自己的股份，即库存股；二是股票期权行权。

## (二) 资本公积变动情况的分析

资本公积是企业来源于盈利以外的那部分积累，是企业的“准资本”，它的唯一用途是依法转增资本，不得作为投资利润或股利进行分配。资本公积是所有者权益的组成部分，它的增加会直接导致企业净资产的增加，因此，资本公积信息对于投资者、债权人等会计信息使用者的决策十分重要。企业按法定程序将资本公积转增资本，属于所有者权益内部结构的变化，并不改变所有者权益的总额，一般也不会改变每一位投资者在所有者权益总额中所占的份额。

资本公积增加的原因包括：

(1) 资本溢价。资本溢价（或股本溢价）是企业收到投资者的超出其在企业注册资本（或股本）中所占份额的投资。形成资本溢价（或股本溢价）的原因有溢价发行股票、投资者超额缴入资本等。

(2) 其他资本公积。其他资本公积是反映直接计入所有者权益的利得和损失，按准则规定，其主要内容有：①可供出售金融资产的公允价值变动；②权益法核算的被投资单位除净损益以外的权益变动；③有效现金流量套期和境外经营净投资套期的利得或损失；④以上项目的账面价值和计税基础不一致而产生的递延所得税影响；⑤其他事项，比如存货或自用房产转为按公允价值计量的投资性房地产，原账面价值低于公允价值而计入资本公积等。

资本公积减少的原因主要是转增股本，分析时要注意转增股本的额度，以及转增股本后的股数和新的股权比例情况。可以通过股本前后的股本收益率、每股盈利、每股净资产等指标进行进一步分析。

**【实例 7-4】 四川长虹实施 2009 年度资本公积金转增股本方案**

四川长虹电器股份有限公司（股票代码 600839）实施 2009 年度资本公积金转增股本方案为：每 10 股转增 5 股。股权登记日：2010 年 6 月 25 日，除权日：2010 年 6 月 28 日，新增无限售条件流通股份上市日：2010 年 6 月 29 日，实施转股方案后，按新股本 2 847 317 127股摊薄计算的 2009 年度每股收益为 0.041 元。

### （三）盈余公积变动情况的分析

1. 盈余公积增加

盈余公积是指企业按规定从净利润中提取的积累资金。公司制企业的盈余公积包括法定盈余公积和任意盈余公积。

（1）法定盈余公积。根据《中华人民共和国公司法》有关规定，公司制企业应该按照净利润（减弥补以前年度亏损）的 10%提取法定盈余公积，计提的法定盈余公积累计金额已达到注册资本的 50%时，可以不再提取；非公司制的企业也可以按照超过 10%的比例提取。值得注意的是，在计算提取法定盈余公积的基数时，不应包括企业年初未分配利润。

（2）任意盈余公积。任意盈余公积是公司制企业经股东大会或类似机构批准按照规定的比例从净利润中提取的盈余公积。

2. 盈余公积的减少

根据有关规定，企业提取的盈余公积主要可以用于以下几个方面：

（1）弥补亏损。企业发生亏损时，应由企业自行弥补。弥补亏损的渠道主要有三条：

1）用以后年度税前利润弥补。按照企业会计准则和有关法规的规定，企业发生亏损时，可以用以后 5 年内实现的税前利润来弥补，也就是说，企业用税前利润弥补亏损的期限为 5 年。

2）以后年度税后利润弥补。企业发生的亏损经过 5 年期限仍不足弥补的，应使用随后所实现的所得税后利润弥补。

3）用盈余公积弥补。当企业发生的亏损在所得税后利润仍不足弥补的，可以用所提取的盈余公积加以弥补。但是，用盈余公积弥补亏损时，应当由公司董事会提议，并经股东大会批准，或由类似的机构批准后方可实施。

（2）转增资本或股本。当企业提取的盈余公积累计比较多时，可以将盈余公积转增资本或股本，但是必须经过股东大会或类似机构的批准。用盈余公积转增资本或股本后，留存的盈余公积不得少于注册资本的 25%。当将盈余公积转增资本或股本时，要按照股东的原持股比例进行结转。

（3）发放现金股利或利润。根据有关规定，在特殊情况下，当股份有限公司累积的盈余公积比较多，而未分配利润又比较少时，为了维护企业的形象，给投资者以合理的回报，对于符合规定条件的企业，可以用盈余公积分派现金股利或利润。分派股票股利对公司而言，虽然股东分享了公司盈余，但无需分派现金，将留存大量现金供公司使用，而分派现金股利会使大量现金流出公司，但能使投资者获得真正的投资收益，能够取信于股东，进一步树立公司形象。

### （四）利润分配的分析

利润分配实际上体现的是企业资金积累和消费的比例关系。公司实现的净利润形成积累资金和消费资金。

积累资金包括法定盈余公积、任意盈余公积和未分配利润。这些资金都是留存公司的经营积累资金，可用于公司的发展，但又具有不同的用途和特点。一般情况下，盈余公积用于补亏和转增资本；未分配利润是公司利润分配的最终结果，它没有特定的用途，既可以用于生产经营，也可以用于公司的扩张，还可以留待以后年度进行股利分配。

消费资金主要是分配给股东的股利，包括现金股利和股票股利。这是股东获得的实实在在的经济利益，但是公司采取何种发放形式，与公司发展战略和经营管理方式有关。一般来讲，公司希望拓展经营、扩大规模，但现金压力较大，因此倾向于发放股票股利。

实际上，留存于公司的现金越多，公司发展的资金越充裕，就越有后劲，有益于公司未来经营业绩的提高，从而使投资者得到更高的回报。但是积累比例过高，使消费资金比例过低，投资者收益就会减少，这将有可能挫伤股东的积极性，并影响公司形象，进而影响公司股价。

**【实例 7－5】　佛山照明 2009 年的利润分配方案**

佛山照明（股票代码 000541）2009 年度母公司实现净利润为 201 474 188.97 元，在提取 10%的法定盈余公积金 20 147 418.90 元后，本年度可供股东分配的利润为 548 366 928.12 元（含上年未分配利润 367 040 158.05 元）。公司董事会拟按 2009 年末总股本 978 563 745 股计，向 A、B 股全体股东每 10 股派发现金红利人民币 2.2 元（含税，B 股红利折成港币支付），实发红利总金额 215 284 023.90 元，剩余 333 082 904.22 元结转下年度。

## 第二节　财务报表附注解读及分析

我国《企业会计准则第 30 号—— 财务报表列报》规定，财务报表一般可由资产负债表、利润表、现金流量表、所有者权益（或股东权益）变动表及附注组成。附注是报表的有机组成部分，这就确认了财务报表附注在企业信息披露方面的“主人翁”的地位，财务报表附注也成为企业向报表使用者提供信息的重要载体之一。所以，读懂财务报表附注和读懂基本财务报表一样重要。

### 一、财务报表附注的性质与作用

财务报表附注是对资产负债表、利润表、现金流量表和所有者权益变动表等报表中列示项目的文字描述或明细资料，以及对未能在这些报表中列示项目的说明等，是对财务报表的补充说明，也是财务会计报告的重要组成部分。尽管资产负债表、利润表和现金流量表的地位不容置疑，但其内容已被高度浓缩提炼，因此仍不足以反映企业经营活动的全貌。出于对财务报表内容进一步分解、解释或补充的考虑，财务报表附注逐渐成为企业财务报告的重要组成部分。它能够提供公司财务报表真实程度的依据或线索。因此，财务报表附注越详细，判断上市公司财务报表反映其财务状况、经营成果和现金流量情况真实程度的依据或线索就越多。

财务报表附注由若干个附表和对有关项目的文字性说明组成，企业通过编制附注，可以对财务报表本身做补充说明，以更加全面、系统地反映企业财务状况、经营成果和现金流量的全貌，从而有助于向使用者提供更加有用的决策信息，帮助其作出更加科学合理的决策。详细来说，包括以下两个方面：

（1）能够弥补现行财务报表信息披露的不足，进一步满足信息使用者的需要。随着现代股份制企业和证券市场的日趋成熟，信息使用者对会计信息披露提出了更高更严的要求。他们不仅要求披露财务信息，还要求更多地披露非财务信息，如经营战略信息；不仅要求披露确定信息，还要求披露不确定的信息；不仅要求披露历史信息，还要求适度地披露未来信息，如财务预测报告等。而被纳入财务报表的会计信息只能是货币化的信息，对企业未来决策具有重要意义的非货币化会计信息却无法反映，如知识产权、新产品研究与开发、企业管理当局的业务素质、管理能力、公司的组织机构设置、公司的生产能力、未来发展设想、新产品开发能力、市场营销能力、市场占有率的预测、盈利预测、人力资源价值等。而这些信息往往是报表使用者判断企业盈利能力和发展前景所必需的。财务报表附注信息则能够更好地满足会计信息需求变化的要求。

（2）增强财务报表信息的可理解性，提高财务报表信息的价值。财务报表提供的会计信息具有较强的专业性，所以阅读和理解它需要一定的会计基础知识，不懂会计知识的人阅读和理解它就有一定的困难。而财务报表附注可以通过文字、图表等多种方式对会计报表信息进行解释，将一个个抽象的数据分解成若干的具体项目，并说明产生各项目的会计方法等。这样，不仅会计人员能够深刻理解，而且非会计专业的管理人员也能明白，从而进一步提高了表内信息的价值，便于会计信息使用者正确、合理地选择所需的会计信息。如固定资产作为一个报表项目，只能反映企业在过去时间内对固定资产的投资规模，无法反映其分布构成。通过附注可以将各类固定资产包括房屋、建筑物、机器设备、运输设备及工程器具等原始价值分别反映，确定各类固定资产占全部固定资产的比重及各类固定资产间的比例，判断投资结构的合理性。财务报表附注可以在很大程度上帮助报表的使用者正确理解会计报表，合理获得有用的会计信息。

**记住：**

财务报表附注作为财务报表的重要组成部分，是对财务报表本身无法或难以充分表达的内容和项目所作的补充说明和详细解释。

## 二、财务报表附注的编制形式

财务报表附注的编制形式灵活多样，常见的有以下 5 种：

（1）尾注说明。尾注所提供的信息十分丰富且日益增多，目前企业年度报告中尾注通常占据一半的篇幅。因此，尾注是附注的主要形式，一般适用于说明内容较多的项目。

（2）括弧说明。此种形式常用于为财务报表主体提供补充信息，因为它把补充信息直接纳入财务报表主体，所以比起其他形式来，显得更直观，不易被人忽视，缺点是它包含的内容过短。

(3) 备抵与附加账户。设立备抵与附加账户，在财务报表中单独列示，能够为财务报表使用者提供更多有意义的信息，这种形式目前主要是指坏账准备等账户的设置。

(4) 脚注说明。指在报表下端进行的说明，例如，说明已贴现的商业承兑汇票和已包括在固定资产原价内的融资租人的固定资产原价等。

(5) 补充说明。有些无法列入财务报表主体中的详细数据、分析资料，可用单独的补充报表进行说明，比如，可利用补充报表的形式来揭示关联方的关系和交易等内容。

提示：

形式是为内容服务的，所以，不管采用什么方式，其目的都是为了给报表使用者提供更具体和充分的财务信息，便于报表使用者了解企业财务信息。

## 三、财务报表附注的解读及分析

财务报表附注应当按照如下顺序披露有关内容。

### (一) 企业的基本情况

财务报表附注的第一部分就是企业的基本情况，主要介绍企业的历史和主营业务范围等内容。了解企业的基本情况对于第一次接触企业的投资者来说是非常有必要的，你得知道它是做什么的、以前的经营业绩如何，行业有没有发展前景，对社会的影响如何等。所以，在判断企业财务报表反映企业财务状况及经营成果和现金流量情况的真实程度之前，我们非常有必要通过附注资料了解企业的基本情况。企业的基本情况包括：①企业注册地、组织形式和总部地址；②企业的业务性质和主要经营活动，如企业所处的行业、所提供的主要产品或服务、客户的性质、销售策略、监管环境的性质等；③母公司以及集团最终母公司的名称；④财务报告的批准报出者和财务报告批准报出日。

**【实例 7-6】 华谊兄弟 2009 年年报附注中关于“公司基本情况”的内容**

1. 公司历史沿革及改制情况

华谊兄弟传媒股份有限公司（以下简称“本公司”或“公司”）原名浙江华谊兄弟影视文化有限公司，是经浙江省东阳市工商行政管理局批准，于 2004 年 11 月 19 日正式成立的有限责任公司，注册资本 500 万元。其中，北京华谊兄弟投资有限公司出资 450 万元，持股比例 90%；刘晓梅出资 50 万元，持股比例 10%。2009 年 9 月 29 日，经中国证券监督管理委员会核准，公司向社会公开发行人民币普通股（A 股）4 200 万股（每股面值 1 元），发行价每股 28.58 元，本次发行共计募集资金净额为 1 148 238 686.45 元，其中增加股本 4 200 万元，增加资本公积 1 106 238 686.45 元。至此，本公司股本增加至 16 800万元，于 2009 年 11 月 17 日完成工商变更登记。公司股票代码为 300027，于 2009 年 10 月 30 日在深交所正式挂牌交易。

2. 公司的业务性质和主要经营活动

制作、复制、发行：专题、专栏、综艺、动画片、广播剧、电视剧；企业形象策划；影视文化信息咨询服务；影视广告制作、代理、发行；国产影片发行；一般货物进出口及技术进出口，进出口代理。报告期内公司主业未发生变更。

3. 公司的基本组织架构

本公司设立了股东大会、董事会和监事会，股东大会是公司的最高权力机构，董事会是股东大会的执行机构，监事会是公司的内部监督机构。公司董事会下设战略决策委员会、审计委员会、薪酬与考核委员会等专门委员会，负责本公司重大决策的制定。为了公司日常生产经营和管理工作的顺利进行，公司设立了娱乐营销事业部、电影事业部、电视剧事业部、品牌运营部、质量控制部、人力资源部、财务部、审计部等相关部门。

4. 母公司及最终控股股东名称

本公司实际控制人为王忠军、王忠磊。

5. 本公司财务报表于 2010 年 3 月 24 日已经公司董事会批准报出。

### （二）财务报表的编制基础

财务报表的编制基础是指财务报表是在持续经营基础上还是非持续经营基础上编制的。企业一般是在持续经营基础上编制财务报表，清算、破产属于非持续经营基础。

**【实例 7－7】**

深圳市远望谷（股票代码 002161）信息技术股份有限公司 2009 年年报附注中关于“编制基础”的内容。

（1）会计年度：采用公历年度，即从每年 1 月 1 日至 12 月 31 日为一个会计年度。

（2）记账本位币：以人民币为记账本位币。

（3）记账基础及会计计量属性：以权责发生制为记账基础；会计计量属性一般采用历史成本计量，如所确定的会计要素采用重置成本、可变现净值、现值、公允价值计量金额能够取得并可靠计量，可以采用相应计量属性计量。

### （三）遵循企业会计准则的声明

企业应当声明编制的财务报表符合企业会计准则的要求，真实、完整地反映了企业的财务状况、经营成果和现金流量等有关信息，以此明确企业编制财务报表所依据的制度基础。如果企业编制的财务报表只是部分地遵循了企业会计准则，附注中不得作出这种表述。

### （四）重要会计政策和会计估计

企业根据具体准则的规定，应当披露采用的重要会计政策和会计估计，不重要的会计政策和会计估计可以不披露。

1. 重要会计政策的说明

由于企业经济业务的复杂性和多样性，某些经济业务可以有多种会计处理方法，也即存在不止一种可供选择的会计政策。例如，固定资产的折旧，可以有平均年限法、工作量法、双倍余额递减法、年数总额法等。企业在发生某项经济业务时，必须从允许的会计处理方法中选择适合本企业特点的会计政策。企业选择不同的会计处理方法，可能极大地影响企业的财务状况和经营成果，进而编制出不同的财务报表，因此，有必要对重要的会计政策加以披露。

需要特别指出的是，说明会计政策时还需要披露其确定依据，主要是指企业在运用会计政策过程中所作的对报表中确认的项目金额最具影响的判断。例如，对于拥有的持股不足50%的关联企业，企业为何判断企业拥有控制权因此将其纳入合并范围。这些判断对在报表中确认的项目金额具有重要影响。因此，这项披露要求有助于使用者理解企业选择和运用会计政策的背景，增加财务报表的可理解性。

2. 重要会计估计的说明

在确定报表中确认的资产和负债的账面金额过程中，企业有时需要对不确定的未来事项在资产负债表日对这些资产和负债的影响加以估计。例如，为正在进行中的诉讼提取准备时最佳估计数的确定依据等。这些假设的变动对这些资产和负债项目金额的确定影响很大，有可能会在下一个会计年度内作出重大调整。因此，强调这一披露要求，有助于提高财务报表的可理解性。

**【实例7-8】**

深圳市远望谷（股票代码002161）信息技术股份有限公司2009年年报附注中关于“重要会计政策和会计估计”的内容（摘录部分）

(1) 固定资产的确认条件。为生产商品、提供劳务、出租或经营管理而持有的、使用寿命超过一个会计年度的有形资产。

(2) 固定资产的计量基础。各类固定资产按照取得时的实际成本进行初始计量。

(3) 固定资产分类及折旧政策。固定资产折旧采用直线法计算，按各类固定资产估计的使用年限扣除残值后，确定折旧率见表7-2。

**表7-2　　固定资产折旧率**

| 资产类别 | 使用年限（年） | 残值率（%） | 年折旧率（%） |
|---|---|---|---|
| 房屋建筑物 | 30 | 3.00 | 3.23 |
| 机器设备 | 10 | 3.00 | 9.70 |
| 运输设备 | 5～8 | 3.00 | 19.40～12.13 |
| 电子设备 | 5 | 3.00 | 19.40 |
| 其他设备 | 5 | 3.00 | 19.40 |

每年年度终了，对固定资产的使用寿命、预计净残值和折旧方法进行复核。使用寿命预计数与原先估计数有差异的，调整固定资产使用寿命；预计净残值预计数与原先估计数有差异的，调整预计净残值。

(4) 固定资产减值准备按资产减值规定处理。

## （五）会计政策和会计估计变更以及差错更正的说明

一般情况下，企业应当对相同或者相似的交易或者事项采用相同的会计政策进行处理。企业采用的会计政策，在每一会计期间和前后各期应当保持一致，不得随意变更。但是，由于法律、行政法规或者国家统一的会计制度等要求变更，或者由于经济环境、客观情况的改变，企业原采用的会计政策所提供的会计信息，已不能保证会计信息的可靠性和相关性，就可以变更会计政策，并在附注中披露重要会计政策变更的性质、内容和原因。

企业据以进行估计的基础发生了变化，或者由于取得新信息、积累更多经验以及后来的发展变化，就需要对会计估计进行修订，并在附注中披露重要会计估计变更的内容和原因。

企业在发现重要的前期差错，应视同该项前期差错从未发生过，从而对财务报表相关项目进行更正，并在附注中披露重大前期差错的事项陈述和原因以及更正方法。

**【实例7-9】**

银星能源（股票代码000862）2009年年报附注中关于“变更会计政策和会计估计”

的公告（摘录部分）

一、会计政策变更

公司产成品的发出一直采用加权平均法计价。鉴于自动化仪表产品为订单银星能源产品，产品规格材质和零部件配置差异大，为了更为准确地反映每份订单的成本和盈利水平，将自动化仪表产品发出的会计政策变更为个别计价法。因自动化仪表产品为订单产品且生产年代已久，产品类别、型号众多，无法将以前年度产品按单台个别计价重新计算成本，会计政策变化的累计影响数无法确定，故本项会计政策的变更不进行追溯调整，采用未来适用法。上述会计政策变更自2010年起执行。

二、会计估计变更

（一）模具是公司的一种生产工装，大部分为公司自制，也有少量外购。多年来一直视同低值易耗品管理，采用领用时一次性转销法进行摊销。鉴于公司生产用模具数量大，价值高，使用周期长，因此为了更准确地反映公司的生产成本，公司采用“五五摊销法”结转模具成本。

……

### （六）或有事项

或有事项是指过去的交易或者事项形成的，其结果须由某些未来事项的发生或不发生才能决定的不确定事项，常见的有未决诉讼或仲裁、债务担保、产品质量保证（含产品安全保证）等。企业应当按照具体准则的规定进行恰当的披露。

**【实例7-10】**

五粮液（股票代码000858）2009年年报附注中关于“未决诉讼仲裁形成的或有事项及其财务影响”的内容

2009年7月，因上海尚雅投资管理有限公司总经理石波利用网络媒体发布贬低“五粮液”酒的不负责任言论，对“五粮液”酒的商品声誉造成恶劣影响，本公司向宜宾市翠屏区人民法院提起名誉权侵权诉讼，要求石波停止侵害、恢复名誉、消除影响、公开赔礼道歉、赔偿经济损失50万元。目前此案尚在审理之中。

### （七）资产负债表日后事项

财务报告反映企业在规定日期（资产负债表日）的财务状况、经营成果以及截至规定日期现金流量的变动情况。在实际工作中，有些交易或事项是在资产负债表日以后、财务报告批准报出日之前发生的，而且这些交易或事项对企业报告期的财务状况、经营成果以及现金流量可能会产生较大的影响。为了使财务报告的使用者能够及时、全面、客观地了解企业的财务信息，就必须评价这些交易或事项，以确定这些交易或事项是否应调整将要报出的报告期的财务报告，或仅仅在附注中进行说明即可，以便使用者能够获取与公布日最为相关的可以利用的信息。

资产负债表日后事项，包括资产负债表日后调整事项和资产负债表日后非调整事项。日后调整事项是指对资产负债表日已经存在的情况提供了新的或进一步证据的事项，例如，日后发生的销售退回。日后非调整事项是指或虽然与资产负债表存在状况无关，但对理解和分析企业财务状况具有重大影响的事项，例如日后发生的重大诉讼或仲裁、日后发生的企业合并或处置子公司。对此，企业应当根据具体准则的规定进行恰当的披露。

**【实例 7－11】**

横店集团东磁股份有限公司（股票代码 002056）2009 年年报附注中关于“资产负债表日后事项”的内容

根据 2010 年 3 月 8 日公司第四届董事会第十四次会议决议，公司拟出资 1 000 万元于河南杞县葛岗镇楚寨村设立全资子公司——杞县东磁新能源有限公司，并由该公司投资建设 100MW 太阳能单晶硅片项目。截至本财务报告批准日，公司尚未成立。

### （八）关联方关系及其交易

关联方关系的存在形式主要有母子公司之间、同一母公司的其他子公司之间；企业与合营企业、联营企业之间；企业与企业的主要投资者个人、关键管理人员及其关系密切的家庭成员之间；该企业或其母公司的关键管理人员及与其关系密切的家庭成员，等。

关联方之间的交易往往是建立在非公平、合理的基础上的。另外，关联方之间即使不发生交易，仅关联关系的存在，也有可能会影响编报企业的财务状况和经营成果。因此企业应当按具体准则的规定，对关联方关系和交易予以充分披露。

**【实例 7－12】**

福建七匹狼实业股份有限公司（股票代码 002029）2009 年年报附注中关于“重大关联交易情况”的内容（摘录部分）

购销产品：本报告期内，公司累计向关联法人福建七匹狼鞋业有限公司采购皮鞋及皮具人民币 19.44 万元，委托关联法人店务通（福建）货架制造发展有限公司生产绿狼家具、配件、装修材料人民币 2 735.56 万元，向控股股东福建七匹狼集团有限公司承租房屋费用 18.56 万元。公司累计向关联法人福建七匹狼鞋业有限公司销售产品和提供劳务人民币 10.69 万元，公司累计向关联法人晋江金祥房地产开发有限公司销售产品和提供劳务人民币 28.54 万元。福建七匹狼鞋业有限公司及店务通（福建）货架制造发展有限公司均为七匹狼控股集团股份有限公司之控股子公司，七匹狼控股集团股份有限公司为福建七匹狼集团有限公司之控股子公司，晋江金祥房地产开发有限公司为福建七匹狼集团有限公司参股企业，福建七匹狼集团有限公司持有本公司 40.71％股份，为本公司控股股东；本公司董事周少雄、周少明、周永伟及其配偶持有福建七匹狼集团有限公司 95％股权，为本公司实际控制人。上述公司为本公司关联法人。

上述交易均遵循公允原则，成交价格依照市场定价（投标合理定价）原则，同时履行了相应的审批程序并按要求进行了公告。相互关联交易满足了公司产品丰满度以及快速拓展终端的要求，没有损害上市公司利益，也没有损害公司其他非关联股东的利益，对公司独立性没有影响，同时公司主营业务不会因此类交易而对关联人形成依赖。

### （九）合并财务报表附注的内容

企业应当根据具体准则规定在附注中披露下列信息：子公司的清单，母公司直接或通过子公司间接拥有被投资单位表决权不足半数但能对其形成控制的原因，母公司直接或通过其他子公司间接拥有被投资单位半数以上的表决权但未能对其形成控制的原因，本期增加子公司，本期不再纳入合并范围的原子公司等。

## 本章小结

本章分两个部分。第一部分是对所有者权益变动表的解读与分析，在介绍所有者权益变动表的性质、作用和格式的基础上，对所有者权益变动表重点项目进行详细的解读和分析。第二部分是对财务报表附注的解读与分析，在介绍财务报表附注的性质、作用和内容的基础上，对财务报表附注各项目进行详细的解读和分析。

## 关键词

所有者权益　所有者权益变动表　股本　资本公积
盈余公积　利润分配　财务报表附注　会计政策
会计估计　关联方

## 课堂讨论题

1. 如何理解所有者权益变动表所能提供的信息内容？

2. 在新企业会计准则中，企业对外报送的财务报表由“三大”变为“四大”，对于我国市场经济的发展有何重要意义？

3. 在所有者权益变动表中，不引起所有者权益总量变动的业务内容有哪些？它对于信息使用者有何作用？

4. 对股本变动进行综合分析要注意哪些问题？

5. 增加股本有哪几种形式？你认为哪种更好？为什么？

## 案例练习 1

**小商品城（股票代码 600415）股东权益变动表**

**表 7-3　浙江中国小商品城集团股份有限公司股东权益变动表**

2010 年 1～6 月　单位：　元

| 项　目 | 2010 年 1～6 月 | | | | |
|---|---|---|---|---|---|
| | 实收资本（或股本） | 资本公积 | 盈余公积 | 未分配利润 | 所有者权益合计 |
| 一、本期期初余额 | 680 401 772.00 | 3 528 931 930.19 | 345 918 996.06 | 1 582 823 112.42 | 6 138 075 810.07 |
| 二、本年增减变动金额（减少以“－”号填列） | 680 401 772.00 | (680 401 772.00) | — | 396 508 436.43 | 396 508 436.43 |
| （一）净利润 | — | — | — | 396 508 436.43 | 396 508 436.43 |
| （二）综合收益总额 | — | — | — | 396 508 436.43 | 396 508 436.43 |
| （三）股东权益内部结转 | 680 401 772.00 | (680 401 772.00) | — | — | — |
| 三、本期期末余额 | 136.803 544.00 | 2 848 530 158.19 | 345 918 996.06 | 1 979 331 548.85 | 6 534 584 247.10 |

续表

| 项　　目 | 2009年1～6月 | | | | |
|---|---|---|---|---|---|
| | 实收资本（或股本） | 资本公积 | 盈余公积 | 未分配利润 | 所有者权益合计 |
| 一、本期期初余额 | 340 200 886.00 | 3 528 931 930.19 | 262 762 660.72 | 1 242 657 157.61 | 5 374 552 634.52 |
| 二、本年增减变动金额（减少以“－”号填列） | 340 200 886.00 | — | — | 67 922 364.28 | 408 123 250.28 |
| （一）净利润 | — | — | — | 476 163 427.48 | 476 163 427.48 |
| （二）综合收益总额 | — | — | — | 476 163 427.48 | 476 163 427.48 |
| （三）利润分配－对股东的分配 | 340 200 886.00 | | | (408 241 063.20) | (68 040 177.20) |
| 三、本期期末余额 | 680 401 772.00 | 3 528 931 930.19 | 262 762 660.72 | 1 310 579 521.89 | 5 782 675 884.80 |

（资料来源：http：//www.sse.com.cn/sseportal/ps/zhs/home.html）

要求：

1. 对小商品城所有者权益变动表进行项目分析。
2. 对小商品城所有者权益变动表进行结构分析。
3. 分析所有者权益变动表时通常要考虑哪些相关因素？

## 案例练习2

### 片仔癀药业关联方关系及其交易的附注

漳州片仔癀药业股份有限公司（股票代码600415），是福建省百家重点工业企业，是我国中成药行业50强。公司的主导产品——片仔癀，两度荣获国家质量金质奖，并被列入国家中药一级保护品种，其以独特的消炎、解毒、镇痛、保肝等显著疗效及保护健康的功能而深受国内外患者的赞誉，被誉为“国宝神药”。公司于2003年6月16日在上海证券交易所成功上市。以下是漳州片仔癀药业股份有限公司年报附注中披露的“关联方关系及其交易”信息。

1. 关联方关系

（1）本公司的母公司情况，见表7－4。

**表7－4　　片仔癀药业母公司情况**

| 母公司名称 | 企业类型 | 法人代表 | 业务性质 | 注册资本（万元） | 母公司对本企业的持股比例（%） | 母公司对本企业的表决权比例（%） |
|---|---|---|---|---|---|---|
| 漳州片仔癀集团公司 | 国有企业 | 冯忠铭 | 对外投资及经营管理国有资产 | 6 905 | 54.55 | 54.55 |

（2）本公司的子公司情况，见表7－5。

2. 关联方交易

（1）销售商品或提供劳务，见表7－6。

表 7-5　　片仔癀药业子公司情况

| 子公司名称（全称） | 子公司类型 | 业务性质 | 法人代表 | 持股比例（%） | | 是否合并 |
|---|---|---|---|---|---|---|
| | | | | 直接 | 间接 | |
| 片仔癀（漳州）医药有限公司 | 控股子公司 | 药品批发 | 潘杰 | 93.245 | | 是 |
| 福建片仔癀化妆品有限公司 | 控股子公司 | 化妆品经营 | 潘杰 | 86 | | 是 |
| 漳州片仔癀日化有限责任公司 | 控股子公司的子公司 | 护肤护发类日用品生产 | 江丽卿 | | 100 | 是 |
| 漳州片仔癀国药堂医药连锁有限公司 | 控股子公司 | 药品零售 | 黄进明 | 84.375 | 15.625 | 是 |
| 四川片仔癀麝业有限责任公司 | 控股子公司 | 养殖业 | 林绍碧 | 52.25 | | 是 |
| 漳州片仔癀威海大药房有限责任公司 | 控股子公司 | 药品零售 | 黄进明 | 51 | | 否 |
| 陕西片仔癀麝业有限公司 | 控股子公司 | 养殖业 | 林绍碧 | 60 | | 是 |

表 7-6　　片仔癀药业销售商品或提供劳务情况

| 关联方名称 | 交易内容 | 本年发生额 | | 上年发生额 | | 定价方式及决策程序 |
|---|---|---|---|---|---|---|
| | | 金额（元） | 占同类交易金额的比例（%） | 金额（元） | 占同类交易金额的比例（%） | |
| 福建同春药业股份有限公司 | 销售商品 | 3 638 029.33 | 0.52 | 17 006 650.55 | 2.62 | 参考市价 |
| 漳州大酒店 | 销售商品 | | | 2 586.32 | | 参考市价 |
| 漳州片仔癀威海大药房有限责任公司 | 销售商品 | | | 22 564.10 | | 参考市价 |
| 合计 | | 3 638 029.33 | 0.52 | 17 031 800.97 | 2.62 | |

（2）购买商品或接受劳务，见表 7-7。

表 7-7　　片仔癀药业购买商品或接受劳务情况

| 关联方名称 | 交易内容 | 本年发生额 | | 上年发生额 | | 定价方式及决策程序 |
|---|---|---|---|---|---|---|
| | | 金额（元） | 占同类交易金额的比例（%） | 金额（元） | 占同类交易金额的比例（%） | |
| 福建同春药业股份有限公司 | 采购原材料 | | | 339 377.45 | 0.18 | 参考市价 |
| 漳州大酒店 | 接受劳务 | 38 273.00 | 2.25 | | | 参考市价 |

（3）关联租赁情况，见表 7-8。

**表 7-8　　片仔癀药业关联租赁情况**

| 关联方名称 | 交易事项 | 本年发生额 | | 上年发生额 | | 定价政策 |
|---|---|---|---|---|---|---|
| | | 金额（元） | 比例（%） | 金额（元） | 比例（%） | |
| 漳州片仔癀集团公司 | 承租房屋 | 37 248 | 100 | 37 248 | 100 | 协议定价 |
| | 出租房屋 | 96 226 | 7.04 | 96 226 | 7.05 | 协议定价 |
| 漳州片仔癀威海大药房有限责任公司 | 出租房屋 | 230 000 | 16.82 | 280 000 | 20.51 | 协议定价 |

（4）关联方往来款项余额，见表 7-9。

**表 7-9　　片仔癀药业关联方往来款项余额**

| 关联方名称 | 科目名称 | 年末账面余额 | | 年初账面余额 | |
|---|---|---|---|---|---|
| | | 金额（元） | 比例（%） | 金额（元） | 比例（%） |
| 福建同春药业股份有限公司 | 应收账款 | 853 526.40 | 0.68 | 745 007.00 | 0.62 |
| 漳州片仔癀集团公司 | 其他应收款 | 48 113.00 | 0.08 | 96 226.00 | 0.15 |
| 漳州片仃癀威海大药房有限责任公司 | 其他应收款 | 230 000.00 | 0.37 | 37 685.00 | 0.03 |
| 福建同春药业股份有限公司 | 应付账款 | | | 218 124.87 | 0.31 |

（资料来源：片仔癀药业股份有限公司网站）

要求：

1. 试分析片仃癀药业股份有限公司关联方的关系。
2. 试分析片仔癀药业股份有限公司关联方的交易。
3. 讨论如何通过年报分析出上市公司的关联方关系与关联方交易。

# 第八章 财务综合分析

**学习目标**

1. 了解财务综合分析的含义和特点。
2. 掌握杜邦分析法的综合理论。
3. 掌握利用杜邦分析法对企业进行综合财务评价的方法。
4. 掌握沃尔分析法的综合理论。
5. 掌握利用沃尔分析法对企业进行综合财务评价的方法。

**案例引入**

南城机械股份有限公司是一个三年前采取发起式方式成立的股份有限公司，主要业务为生产和销售机械产品。2009会计年度结束后，注册会计师已完成对该公司财务报表的审计，并出具无保留意见的审计报告，同时定于2010年3月6日对外披露。现公司要求财务经理必须在财务报表对外披露之前呈交财务分析。那么，财务经理如何根据已审计的财务报表，结合公司的偿债能力、盈利能力、营运能力、发展能力来进行综合分析，并写出相应的分析报告呢？

通过前面几章的介绍，我们已经能读懂和简单分析企业财务报表了，但要想用专业的思路和眼光来分析企业财务状况，还需要学习财务综合分析。本章将着重介绍两种常用的综合分析法：杜邦分析法和沃尔分析法。

## 第一节 概　述

### 一、财务综合分析的含义

财务分析的最终目的在于全面地、准确地、客观地揭示与披露企业财务状况和经营情况，并借以对企业经济效益优劣作出合理的评价。显然，要达到这样一个目的，仅仅只测算几个孤立的财务比率，或者将一些孤立的财务分析指标简单地堆垒在一起，是不可能得出合理的、正确的结论的，有时甚至会得出错误的结论。因此，必须对企业进行综合的财务分析。

所谓财务综合分析，是指以会计核算和报表资料及其他相关资料为依据，采用一系列专门的分析技术和方法，将企业的盈利能力、营运能力、偿债能力和发展能力等诸方面纳入一个有机的整体之中，全面地对企业财务状况、经营绩效进行解剖和分析，从而对企业作出较为准确的综合评价与判断。

### 二、财务综合分析的意义

做好财务综合分析的意义在于：

（1）通过财务综合分析，有利于把握不同财务指标之间的相互关联关系。用相互联系的观点对企业经济活动进行总体评价是财务报表分析的一项重要任务。对企业财务状况和经营成果的研究，决不可孤立地进行，因为经济现象都要受因果依存关系的制约，财务报表综合分析能揭示有关报表及其指标之间的横向联系与纵向联系，从而对企业经济活动总体的变化规律作出本质的描述。

（2）通过财务综合分析，有利于正确地评价企业的财务状况和经营成果。将企业偿债能力、营运能力、盈利能力以及发展趋势等各项分析指标有机地联系起来，作为一套完整的体系，相互配合使用，才能从总体上评价企业财务状况和经营情况的优劣。

### 三、财务综合分析的特点

健全有效的财务综合指标体系必须具有以下特点：

（1）综合评价指标要全面。设置的综合评价指标要尽可能涵盖偿债能力、营运能力和盈利能力等各方面的考核要求。仅仅分析企业某一方面的财务指标不能称为综合评价指标。

（2）主辅指标功能要匹配。在财务综合分析中要做到：一方面，在整个综合指标中需要有主要指标和辅助指标，以便明确各项指标的主辅地位和作用；另一方面，又要能从不同侧面、不同层次反映企业财务状况，揭示企业经营业绩。

（3）满足各方面经济需求。设置的指标评价体系，一定要能提供多层次、多角度的信息，满足多方需求。例如，既要能满足企业内部管理者决策的需要，也要能满足外部投资者决策和政府管理机构实施宏观调控的要求。

## 第二节　杜邦分析法

### 一、杜邦财务分析体系的含义

杜邦财务分析体系是由美国杜邦公司的经理创造出来的，故称之为杜邦财务分析体系。它是利用各财务指标之间的内在关系，对企业综合经营效益进行系统分析评价的方法。这种财务分析方法从评价企业绩效最具综合性和代表性的指标——净资产收益率出发，将其分解为若干财务指标，通过分析各分解指标关系来综合反映企业的财务状况。

各指标的变动应层层分解至企业最基本的生产要素，从而满足通过财务分析进行绩效评价的需要，在经营目标发生异动时经营者能及时查明原因并加以修正，同时为投资者、债权人及政府评价企业提供依据。

### 二、杜邦财务分析指标体系图

在杜邦财务分析体系中，包含两大层次。第一层次包括：

$$\text{净资产收益率}=\frac{\text{净利润}}{\text{净资产}}=\frac{\text{净利润}}{\text{总资产}}\times\frac{\text{总资产}}{\text{净资产}}=\text{总资产收益率}\times\text{权益乘数}$$

其中：$\text{总资产收益率}=\frac{\text{净利润}}{\text{总资产}}=\frac{\text{净利润}}{\text{销售收入}}\times\frac{\text{销售收入}}{\text{总资产}}=\text{销售净利率}\times\text{总资产周转率}$

$$\text{权益乘数}=\frac{\text{总资产}}{\text{净资产}}=\frac{1}{\frac{\text{净资产}}{\text{总资产}}}=\frac{1}{\frac{\text{总资产}-\text{总负债}}{\text{总资产}}}=\frac{1}{1-\text{资产负债率}}$$

因此，净资产收益率就可以表示为：

净资产收益率＝销售净利率×总资产周转率×权益乘数

这一关系被称为杜邦财务分析体系的核心。企业所有者更关心的是企业最终会获得多少利润，因此将净资产收益率作为中心指标。通过分解，净资产收益率又受销售净利率、总资产周转率和权益乘数的影响，这三个因素分别代表了企业的盈利能力、营运能力和偿债能力。通过这样分解以后，就可以把净资产收益率这一项综合性指标发生升降变化的原因具体分解。

第二层次包括：对销售净利率和总资产周转率可以进行进一步的分解：

$$\text{销售净利率}=\frac{\text{净利润}}{\text{销售收入}}=\frac{\text{销售收入}-\text{销售成本}-\text{期间费用}-\text{相关税金}-\text{其他支出}}{\text{销售收入}}$$

$$\text{总资产周转率}=\frac{\text{销售收入}}{\text{总资产}}=\frac{\text{销售收入}}{\text{流动资产}+\text{非流动资产}}$$

从杜邦分析系统可以了解到以下财务信息：

（1）净资产收益率是一个综合性较强、最具有代表性的财务比率，它是杜邦系统的核心。净资产收益率反映了股东投入资金的获利能力，这一比率反映了企业筹资、投资和生产运营的各方面经营活动的效率。净资产收益率取决于企业总资产收益率和权益乘数。总资产收益率主要反映企业在运用资产进行生产经营活动时的效率如何，而权益乘数则主要反映了企业的筹资情况，即企业资金来源结构如何。净资产收益率越高，说明企业的获利能力越强。

（2）总资产收益率是反映企业获利能力的一个重要财务比率，它揭示了企业生产运营活动的效率，综合性也极强。这一比率越高，说明企业的获利能力越强。在分析企业的总资产收益率时，应与该企业前期，与同行业平均水平和先进水平进行比较，这样才能判断企业总资产收益率的变动趋势以及在同行业中所处的地位，从而可以了解企业的资产利用效率，发现经营管理中存在的问题。如果企业的总资产收益率偏低，说明该企业资产利用效率较低，经营管理存在问题，应调整经营方针，加强经营管理，挖掘潜力，增收节支，提高资产的利用效率。企业的销售收入、成本费用、资产结构、资产周转速度以及资金占有量等各种因素，都直接影响到总资产收益率的乘积。因此，可以从企业的销售活动与资产管理两个方面进行分析。

(3) 从企业的销售方面看，销售净利率反映了企业净利润与销售收入之间的关系。一般来说，销售收入增加，企业的净利润也会随之增加，但是，要想提高销售净利率，必须一方面提高销售收入；另一方面降低各种成本费用，这样才能使净利润的增长高于销售净利率收入的增长，使销售净利率提高。

(4) 在企业资产方面，主要应该分析以下两个方面：

1）分析企业的资产结构是否合理，即流动资产与非流动资产的比例是否合理。资产结构实际上反映了企业资产的流动性，它不仅关系到企业的偿债能力，也会影响企业的活获利能力。一般来说，如果企业流动资产中货币资金占的比重过大，就应当分析企业现金持有量是否合理，有无现金闲置现象，因为过量的现金会影响企业的获利能力；如果流动资产中的存货与应收账款过多，就会占用大量的资金，影响企业的资金周转。

2）结合销售收入，分析企业的资产周转情况。资产周转速度直接影响到企业的获利能力，如果企业资产周转较慢，就会占用大量资金，增加资金成本，减少企业的利润。资产周转情况的分析，不仅要分析企业总资产周转率，更要分析企业的存货周转率与应收账款周转率，并将其周转情况与资金占用情况结合分析。

总之，从杜邦分析系统可以看出，企业的获利能力涉及生产经营活动的方方面面。净资产收益率与企业的筹资结构、销售规模、成本水平和资产管理等因素密切相关，这些因素构成一个完整的系统，系统内部各因素之间相互作用。只有协调好系统内部各个因素之间的关系，才能使净资产收益率得到提高。但是，杜邦分析法毕竟是财务分析方法的一种，作为 种综合分析方法，并不排斥其他财务分析方法。相反，与其他分析方法结合，不仅可以弥补自身的缺陷和不足，而且也弥补了其他方法的缺点，使得分析结果更完整、更科学。

**【实例 8-1】**

红旗公司 2010 年度资产负债表和利润表有关项目数据见表 8-1、表 8-2。

**表 8-1**　　**资产负债表有关项目**　　单位：万元

| 资　产 | 年末数 | 负债及所有者权益 | 年末数 |
|---|---|---|---|
| 货币资金 | 20 | 短期借款 | 23 |
| 交易性金融资产 | 5 | 应付账款 | 22 |
| 应收账款 | 15 | 应付职工薪酬 | 10 |
| 存货 | 50 | 应交税费 | 20 |
| 流动资产合计 | 90 | 流动负债合计 | 75 |
| 长期股权投资 | 30 | 长期负债合计 | 25 |
| 固定资产 | 60 | 所有者权益合计 | 100 |
| 无形资产及其他资产 | 20 |  | 200 |
| 资产总计 | 200 |  |  |

**注**　假设计算所需要的平均数即年末数。

表 8－2　　　　　　　　　　利润表有关项目　　　　　　　　　　单位：万元

| 项　目 | 累 计 数 | 项　目 | 累 计 数 |
|---|---|---|---|
| 销售收入 | 400 | 其他支出 | 20 |
| 销售成本 | 250 | 利润总额 | 40 |
| 销售费用 | 32 | 所得税 | 20 |
| 管理费用 | 46 | 净利润 | 20 |
| 财务费用 | 12 | | |

根据上述资料，对有关指标的计算结果如下：

$$净资产收益率=\frac{净利润}{净资产}\times100\%=\frac{20}{100}\times100\%=20\%$$

$$总资产收益率=\frac{净利润}{总资产}\times100\%=\frac{20}{200}\times100\%=10\%$$

$$权益乘数=\frac{总资产}{净资产}=\frac{200}{100}=2$$

$$销售净利率=\frac{净利润}{销售收入}\times100\%=\frac{20}{400}\times100\%=5\%$$

$$总资产周转率=\frac{销售收入}{总资产}\times100\%=\frac{400}{200}\times100\%=200\%$$

以上关系如图 8－1 所示。

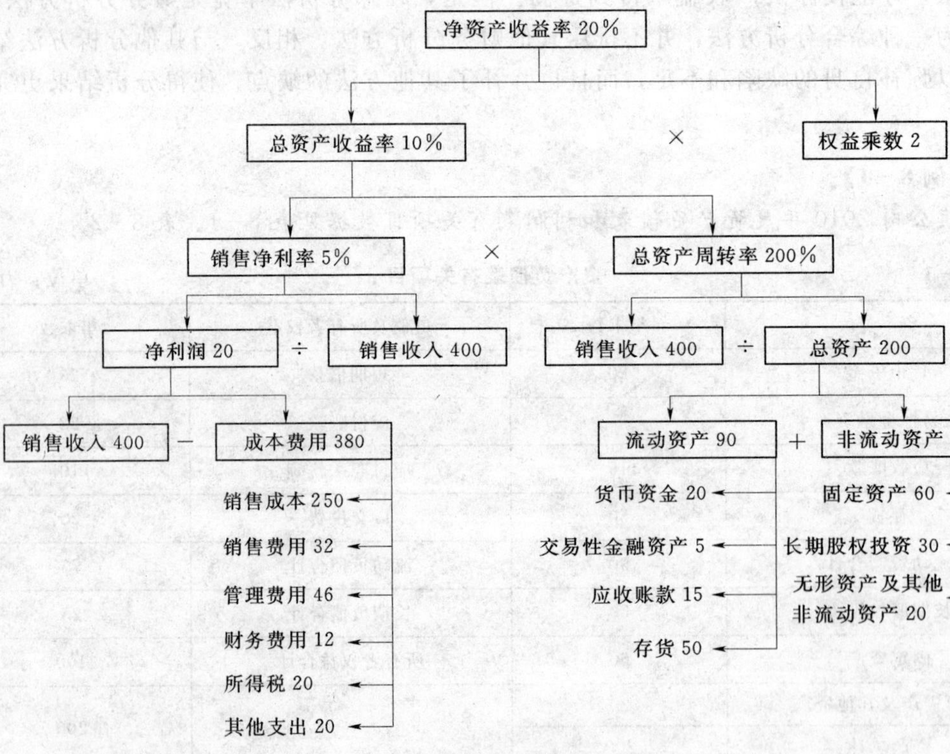


图 8－1　红旗公司杜邦图

**知识扩展**

从企业绩效评价的角度来看，杜邦分析法只包括财务方面的信息，不能全面反映企业的实力，有很大的局限性，在实际运用中需要加以注意，必须结合企业的其他信息加以分析。主要表现在：①对短期财务结果过分重视，有可能助长公司管理层的短期行为，忽略企业长期的价值创造。②财务指标反映的是企业过去的经营业绩，衡量工业时代的企业能够满足要求。但在目前的信息时代，顾客、供应商、雇员、技术创新等因素对企业经营业绩的影响越来越大，而杜邦分析法在这些方面是无能为力的。③在目前的市场环境中，企业的无形资产对提高企业长期竞争力至关重要，杜邦分析法却不能解决无形资产的估值问题。

## 第三节 沃尔分析法

人们在进行财务综合分析时，遇到的一个主要困难就是计算出各种财务比率后，无法判断它是偏高还是偏低。为了弥补这种缺陷，美国的亚历山大·沃尔在其 1928 年出版的《信用晴雨表研究》和《财务报表比率分析》等著作中提出了信用能力指数概念，将流动比率、产权比率、固定资产比率、存货周转率、应收账款周转率、净资产周转率等 7 项财务比率用线性关系结合起来，设定总和为 100 分，分别制定各个指标的得分及总体指标的累计分数，从而对企业的信用水平作出评价。

### 一、沃尔分析法的含义及基本步骤

沃尔分析法是指将选定的财务比率用线性关系结合起来，并分别给定各自的分数比重，然后通过与标准比率进行比较，确定各项指标的得分及总体指标的累计分数，从而对企业的信用水平作出评价的方法。

沃尔分析法的基本步骤包括：

(1) 选择评价企业财务状况的比率指标。通常应选择能说明问题的重要指标。在每一类指标中，还应选择有代表性的重要比率。如偿债能力、营运能力和盈利能力三类比率指标。因反映财务状况的侧重点不同，故应分别从中选择有关比率。选择的各项经济效益指标在评价标准上应尽量保持方向的一致性，尽量选择正指标，不要选择逆指标。

(2) 确认这些评判指标的权数比重。按财务比率的重要程度给定一个分值，即重要性权数，其总分为 100 分。

(3) 确定这些评判指标的标准值。标准值通常可以参照同行业的平均水平（或行业平均先进水平）。它是根据同一行业中部分有代表性的企业的财务与经营资料，经过综合为一整体后，再据以求得的各项比率。

(4) 计算这些指标的实际值。

(5) 计算这些指标的实际得分。将各指标的实际值与所确定的标准值进行比较，计算出评判指标实际值和标准值的相对比率，将各项指标的相对比率与其重要性权数相乘，得出各项比率指标的分数。

（6）将各项比率指标的分数相加，最后求出评判指标的综合分数，就可以评判企业财务状况的好坏。

## 二、沃尔分析法的简单举例

第一步，选择评价指标并分配指标权重，具体见表8－3。

**表8－3　　沃尔分析法权重分配表**

| 行　次 | 选择的指标 | 分配的权重 | 行　次 | 选择的指标 | 分配的权重 |
|---|---|---|---|---|---|
| 第1行 | 流动比率 | 25 | 第5行 | 应收账款周转率 | 10 |
| 第2行 | 产权比率 | 25 | 第6行 | 固定资产周转率 | 10 |
| 第3行 | 固定资产比率 | 15 | 第7行 | 净资产周转率 | 5 |
| 第4行 | 存货周转率 | 10 | 第8行 | 合计 | 100 |

第二步，确定各项指标的标准值，具体见表8－4。

**表8－4　　沃尔分析法各指标标准值表**

| 行　次 | 选择的指标 | 指标的标准值 | 行　次 | 选择的指标 | 指标的标准值 |
|---|---|---|---|---|---|
| 第1行 | 流动比率 | 2.00 | 第5行 | 应收账款周转率 | 6 |
| 第2行 | 产权比率 | 1.50 | 第6行 | 固定资产周转率 | 4 |
| 第3行 | 固定资产比率 | 2.50 | 第7行 | 净资产周转率 | 3 |
| 第4行 | 存货周转率 | 8 | | | |

第三步，计算出各指标的实际值，并与所确定的标准值进行比较，计算一个相对比率，将各项指标的相对比率与其重要性权数相乘，得出各项比率指标的指数，具体见表8－5。

**表8－5　　沃尔分析法各指标实际值计算表**

| 行次 | 选择的指标 | ①分配的权重 | ②指标的标准值 | ③指标的实际值 | ④指标的相对比率＝③÷② | ⑤实际得分＝①×④ |
|---|---|---|---|---|---|---|
| 第1行 | 流动比率 | 25 | 2.00 | 1.66 | 0.83 | 20.75 |
| 第2行 | 产权比率 | 25 | 1.50 | 2.39 | 1.59 | 39.75 |
| 第3行 | 固定资产比率 | 15 | 2.50 | 1.84 | 0.736 | 11.04 |
| 第4行 | 存货周转率 | 10 | 8 | 9.94 | 1.243 | 12.43 |
| 第5行 | 应收账款周转率 | 10 | 6 | 8.61 | 1.435 | 14.35 |
| 第6行 | 固定资产周转率 | 10 | 4 | 0.55 | 0.1375 | 1.38 |
| 第7行 | 净资产周转率 | 5 | 3 | 0.40 | 0.133 | 0.67 |
| 第8行 | 合计 | 100 | | | | 100.37 |

第四步，计算出本期企业的综合指标，并作出适当评价。

通常，综合系数合计数如为100分或接近100分，则表明该企业财务状况基本符合标准要求，本期上述企业的综合得分大于100分，说明企业的财务状况良好。

### 三、沃尔分析法的不足与改进

沃尔的评分法从理论上讲有一个明显的问题，就是未能证明为什么要选择这 7 个指标，而不是更多或更少些，或者选择别的财务比率，以及未能证明每个指标所占比重的合理性。这个问题至今仍然没有从理论上得到解决。

沃尔评分法从技术上讲也有一个问题，就是某一个指标严重异常时，会对总评分产生不合逻辑的重大影响。这个问题是由财务比率与其比重相“乘”引起的。财务比率提高一倍，评分增加 100％；而缩小一半，其评分只减少 50％。

尽管沃尔的方法在理论上还有待证明，在技术上也不完善，但它还是在实践中被应用。耐人寻味的是很多理论上相当完善的经济计量模型在实践中往往很难应用，而企业实际使用并行之有效的模型却又在理论上无法证明。这可能是人类对经济变量之间数量关系的认识还相当肤浅造成的。

**知识扩展**

现代社会与沃尔所处的时代相比，已有很大变化。沃尔最初提出的 7 项指数已难以适应当前对企业评价的需要。所以，依据现代不同报表使用者对财务信息需求的关注点的不同，沿用该原理，对所选取的指标进行重新选择，形成了新的沃尔分析体系。现在一般认为，在选择指标时，偿债能力、营运能力、盈利能力及发展能力指标均应在权数范围内，除此之外，还应该适当选取一些非财务指标作为参考。

## 本章小结

本章首先对财务综合分析的含义和意义进行了分析，提出财务综合分析，是将企业的盈利能力、营运能力、偿债能力和发展能力等诸方面纳入一个有机的整体之中，有助于报表使用者了解企业的财务状况和经营绩效，从而作出较为准确和全面的评价与判断。

财务综合分析方法有多种，本章介绍了杜邦分析法和沃尔分析法，杜邦分析法以净资产收益率为主线，利用各个主要财务比率之间的内在联系，建立财务比率分析的综合模型，来综合地分析和评价企业财务状况和经营业绩。沃尔分析法是指将选定的财务比率用线性关系结合起来，并分别给定各自的分数比重，然后通过与标准比率进行比较，确定各项指标的得分及总体指标的累计分数，从而对企业的信用水平作出评价。两种方法各有优缺点，要结合企业实际情况进行财务综合分析。

## 关键词

财务综合分析　杜邦分析法　净资产收益率　总资产收益率
权益乘数　销售净利率　资产周转率　沃尔分析法
指标权重

## 课堂讨论题

1. 什么是杜邦分析法？它在企业综合分析中有什么作用？

2. 杜邦分析法中几种主要财务指标关系及分析图是怎样的？

3. 沃尔分析法的含义及操作步骤是什么？

4. 沃尔分析法的局限性表现在什么方面？应如何改进？

5. 我国目前财务分析理论研究和实际运作中存在的问题是什么？

## 案例练习 1

### 巴菲特如何分析财务报表

价值投资，最重要的不是投资，而是价值。知道价值多少，投资就很简单了：等到价格明显低于价值，相当于打六折、五折甚至两折，这时买入就行了。问题是，价格一清二楚，但价值却模模糊糊，看不见、摸不着，10 个人估值，却有 20 个答案，因为同一个人不同的时候根据不同的信息也会作出不同的判断。

有一种估值的方法实务界和学术界没有争议，就是用现金流量贴现的方法。听起来很专业，巴菲特解释得很通俗，其实就是把股票当债券看，都用你得到的现金回报衡量，如果你当公司股东以目前价格收购整个公司的投资收益率，比当国家的债主买长期国债的投资收益率高很多，就值得买入。巴菲特买股票如同买长期国债，目的是寻找一个超级赚钱机器，像债券那样稳定，创造的现金流量却更多。

计算现金流量，比计算其他财务指标简单多了，和你计算自己一年挣了多少钱又花了多少钱最后净剩下多少钱完全一样。计算很简单，但预测很不简单。巴菲特说，未来是永远看不清楚的，即使是老手也很容易预测错误。那么如何避免犯下重大的预测错误呢？巴菲特提供了两个方法：

第一是限制范围，只预测你非常熟悉而且业务十分简单稳定的公司。

第二是价格上留有足够安全边际，即大大低于预测的价值，即使自己犯错高估一些，仍有较大的赚钱余地，其实相当于做最保守的预测。

你自己就是一个赚钱机器，我们经常预测自己的现金流量，而且准确性蛮高。为什么？

第一，你非常熟悉自己，非常了解自己的业务，就是你的工作，你能大概估计你未来几年的现金流入流出，就是每年大概会赚多少钱，花多少钱，最后能存多少钱。

第二，你预测自己的现金流量时，非常保守，你不会盲目预测自己的工资会持续大幅增加，你也不会轻信老板会发很多年终奖的口头承诺，你只算你有很大把握拿到的钱。相反计算支出时，会把结婚、生子、买车、买房、生病等可能的支出尽可能多地考虑在内。

同样是你，同样是预测，在预测上市公司这个赚钱机器的现金流量却经常犯错，又是为什么？因为你不像预测自己那样坚持同样的两个原则。

第一，你不熟悉这家公司，不了解公司的业务，或者公司的业务非常复杂难懂，你在这方面的知识、能力、经验根本不够，再努力也搞不懂。可是你不是知难而退，避而远之，而是知难而上，不懂装懂，大胆预测。

第二，你预测公司的现金流量时，不够保守。你经常假设公司过去几年的收入和盈利增长率将会持续保持很多年，甚至假设增长率还会大幅提高。而你预测成本费用时，没有考虑人工和原料成本的上升、技术的过时，往往低估。这样你预测的现金净流量过于乐观。一旦宏观经济和行业发展出现你想象不到的意外，如金融危机，如低温、暴雪、地震，你的预测会错得离谱。

很多人盲目相信别人的分析、别人的推荐，盲目相信公司过去的良好业绩记录，简单地认为，公认的好公司就可以闭着眼睛买，结果闭着眼睛跳进火坑。

可口可乐是不是好公司？巴菲特6岁开始在街上卖可口可乐，26岁开始管理投资，1988年他58岁才开始买入可口可乐，他说自己整整观察研究可口可乐52年之后才开始大笔买入。他两年买入13亿美元，10年后涨到134亿美元，一支股票赚了121亿美元。可口可乐是公认的好公司，巴菲特为什么不从一开始就闭着眼睛买入，却整整研究了52年，即使是从他管理投资开始算起，也关注了32年之久。

巴菲特常说：选股如选妻。结婚娶妻，很简单，领个结婚证，花钱买房办婚礼就行了。结婚不难选妻难，选到一个你认为既适合自己的要求又长期稳定可靠的女孩，太难了。选到一个符合巴菲特要求的公司，业务一流、管理一流、业绩一流，而且未来长期稳定可靠，太难了。巴菲特找了一辈子，只找到几个未来必定如此的好公司，加上一些未来有较大可能如此的公司。

这也就可以解释，巴菲特经常谈估值，但很少人见到他作估值。巴菲特的传记作者翻遍了巴菲特档案室，没有发现巴菲特任何估值的表格和公式，只有一张张他亲手记录的公司年度和季度财务数据。为什么？估值太简单了，用预测的现金流量一算投资收益率每年能否超过15%就行了。

巴菲特最重要的工作，是分析公司多年的财务数据，判断公司业务、管理和业绩的稳定性，如果具有稳定性，就可以轻松预测其未来几年的现金流量。所以他说，他最重要的工作是阅读，阅读最多的是上市公司的年度和季度财务报告。

巴菲特说："只有你愿意花时间学习如何分析财务报表，你才能够独立地选择投资目标。"相反，如果你不能从财务报表中看出上市公司是真是假是好是坏，巴菲特认为，你就别在投资圈里混了。

为什么巴菲特投资赚的钱比别人都多？"别人喜欢看《花花公子》杂志，而我喜欢看公司财务报表。"

（资料来源：http：//www.360doc.com/content/10/0315/13/8900_18846387.shtml）

要求：请分析巴菲特投资的核心在什么地方？

**案例练习2**

### 判断上市公司基本面状况的财务报表分析方法

财务报表反映了上市公司基本面，是投资决策的重要参考依据。但一些公司出于种种目的，利用会计准则的自由裁量空间进行报表粉饰甚至造假，从而影响了报表的可靠性和可比性，使许多投资者被虚饰业绩所误导或不敢信任会计信息。

其实，经粉饰的报表往往会在许多方面露出马脚，投资者只要肯多下点工夫，拿出精挑细选、货比三家的购物精神，对公司财务状况进行多方对比分析，就可以对拟投资对象的现状作出较好判断，从而有效捍卫自己的利益。

大部分投资者习惯于查阅公司的每股收益、净利润增长率、每股净资产、净资产收益率等少数指标，对财务报表不做深入研究。实际上，如果公司有粉饰报表的动机，这些指标都很可能被操纵。

为更好地判断公司状况，投资者可采取以下几种报表分析方法：

一是表间分析法。即对公司财务报表之间的关联项目进行综合衡量，关注是否存在不合理的疑点，以了解企业真实的盈利质量和资产质量，防止单张报表的误导。

二是财务比率分析法。对公司财务报表同一会计期内相关项目相互比较，计算比率，判断其偿债能力、资本结构、经营效率、盈利能力等情况。

三是期间分析法。对公司不同时期的报表项目进态地比较分析，判断其资产负债结构、盈利能力的变化趋势。

四是公司间比较法。与同行业、同类型的其他上市公司财务情况进行比较分析，了解公司在群体中的优劣及异常。

例如，资产负债表：聚焦银行借款。

想了解一家公司的经营状况，最简单的方法就是查看其存货和应收账款，如果其增长较营业收入的增长快得多的话，往往意味着公司在销售方面可能出现问题，如销售疲软、销售政策不谨慎、存货跌价损失和坏账损失将升高等。

一般而言，资产负债表中货币资金越多、银行借款越少，意味着公司质量越好。如贵州茅台，其货币资金数额多年来持续增长，2007 年底积累到 47 亿元，银行借款数额为零；公司应收账款、应收票据仅 1.47 亿元，但预收账款达 11.25 亿元。上述迹象充分表明贵州茅台是赚钱机器，单靠自身积累已能满足公司的快速发展，且还有富余。

另外，银行借款也是从侧面反映公司质量的一个重要指标。如果银行借款相对于公司的销售收入、利润总额等指标偏大，说明公司在应收款项、存货、固定资产等项目上可能占用资金比例偏高，其盈利质量及未来偿债能力值得怀疑。

如果银行借款历年来持续增长且数额巨大，而公司已过高速成长期，可能说明公司是“吞钱机器”，历年业绩也存在持续虚增可能，未来可能陷入大麻烦。

由于《企业会计准则》内在的灵活性给予了上市公司很大的自由度，而其操纵利润的一些做法也是合规的，因此投资者就更应当擦亮自己的眼睛。不应只是根据公司片面宣传就决定买卖行为，而需挖掘更深处的信息来了解公司真正的状况和前景，这才是对投资行为负责的应有态度。

（资料来源：http：//www.lt163.com/zq/xsxt/xgfx/200806/2464.html）

要求：分析如何通过对各类财务报表数据的分析来判断上市公司基本面状况。

# 第九章　注册会计师审计和内部控制

**学习目标**

1. 理解独立性要求和注册会计师法律责任。
2. 掌握注册会计师审计作用。
3. 了解审计报告。
4. 了解内部控制发展的5个阶段。
5. 了解我国企业内部控制基本规范、配套指引。
6. 理解注册会计师审计、内部控制与会计信息质量之间的内在联系。

**案例引入**

安然公司在2001年宣告破产之前，是世界上最大的电力、天然气以及电讯公司之一，2000年披露的营业额达1 010亿美元之巨。公司连续六年被《财富》杂志评选为“美国最具创新精神公司”，然而真正使安然公司在全世界声名大噪的，却是这个拥有上千亿资产的公司2002年在几周内破产，持续多年精心策划，乃至制度化、系统化的财务造假丑闻。

2001年初，一家有着良好声誉的短期投资机构老板公开对安然的盈利模式表示了怀疑。到了8月中旬，人们对于安然的疑问越来越多，并最终导致了股价下跌。10月16日，安然发表2001年第二季度财报，宣布公司亏损总计达到6.18亿美元。11月8日，安然被迫承认做了假账，虚报数字让人瞠目结舌：自1997年以来，安然虚报盈利共计近6亿美元。

一直隐藏在安然背后的合伙公司开始露出水面。经过调查，这些合伙公司大都被安然高层官员所控制，安然对外的巨额贷款经常被列入这些公司，而不出现在安然的资产负债表上。这样，安然高达130亿美元的巨额债务就不会为投资人所知，而安然的一些官员也从这些合伙公司中牟取私利。

安然假账问题也最终导致其审计公司安达信破产。

（资料来源：百度百科）

在前八章，按照业务活动导致财务后果、财务报表反映这些财务后果的逻辑，依次表述了基本报表知识、独立的财务指标分析、综合的财务体系分析。然而站在会计信息使用者的角度，仅仅理解业务活动的财务后果，掌握财务分析技巧显然还不够，尚需知晓确保相关会计信息质量的内部制度环境与外部制度安排。确保相关会计信息质量的内部制度环境指的就是内部控制问题，确保相关会计信息质量的外部制度安排指的就是注册会计师审计问题。

通过本章对注册会计师审计和内部控制基本知识的学习，我们应当建立这样的认识：

内部控制从企业内部保证会计信息的可靠性，内部控制自我评价报告是会计信息使用者作出决策的重要来源；注册会计师审计则从企业外部保证会计信息的可信度，经过注册会计师独立审计的审计报告也是会计信息使用者作出决策的重要来源。

## 第一节 注册会计师审计与会计信息

### 一、注册会计师审计的形成

**【实例 9－1】 英国南海公司案例**

在 18 世纪初，随着大英帝国殖民主义的扩张，海外贸易有了很大的发展。英国政府发行中奖债券，并将发行债券所募集到的资金，于 1710 年创建了南海股份公司，从事盈利前景诱人的殖民地贸易。南海公司经过近 10 年的惨淡经营，表现平平。1719 年，英国政府允许用中奖债券总额的 70%，即约 1 000 万英镑，与南海公司股票进行转换。该年底，一方面，当时英国政府扫除了殖民地贸易的障碍，另一方面，公司的董事们开始对外散布各种所谓的公司利好消息，即南海公司在年底将有大量利润可实现，并煞有介事地预计，在 1720 年的圣诞节，公司可能要按面值的 60% 支付股利。这一消息的宣布，加上公众对股价上扬的预期，促进了债券转换，进而带动了股价上升。1719 年中，南海公司股价为 114 英镑。到了 1720 年 7 月，股票价格已高达 1 050 英镑。这样，随着南海股价的扶摇直上，一场投机浪潮席卷全国。

为了制止各类"泡沫公司"的膨胀，英国国会通过了"泡沫公司取缔法"。从 7 月开始，外国投资者首先抛出南海股票，撤回资金。随着投机热潮的冷却，南海股价一落千丈，从 1720 年 8 月 25 日到 9 月 28 日，南海公司的股票价格从 900 英镑下跌到 190 英镑。12 月最终仅为 124 英镑。当年底，政府对南海公司资产进行清理，发现其实际资本已所剩无几。那些高价买进南海股票的投资者遭受了巨大损失。

为了平息南海公司所引发的经济恐慌，1720 年 9 月，英国议会组织了一个由 13 人参加的特别委员会，对"南海泡沫"事件进行秘密查证，委员会中有一位名叫查尔斯·斯内尔的精通会计实务的会计师。查尔斯通过对南海公司账目的查询、审核，于 1721 年提交了一份查账报告书。在该份报告中，查尔斯指出了公司存在舞弊行为、会计记录严重不实等问题。

英国南海公司的舞弊案例，对世界注册会计师审计史具有里程碑式的影响。一般认为，查尔斯·斯内尔是世界上第一位注册会计师，他所撰写的查账报告，是世界上第一份注册会计师审计报告。该案例被列为世界上第一起比较正式的注册会计师审计案例，标志注册会计师的正式产生。

同时，案例也告诉人们：建立在所有权与经营权相分离基础上的股份有限公司，必须要有一个了解、熟悉会计语言的第三者，站在公正、客观的立场，对企业财务报表的真实性和公允性作出判断，通过提高会计信息的可靠性，来协调、平衡所有者与经营者之间的经济责任关系。如果缺乏这一机制，就会像南海公司一样，使得经营者为所欲为，严重损害所有者利益，从而破坏了整个社会经济的稳定性。

## 二、注册会计师审计的概念及作用

### （一）注册会计师审计的概念

审计经过不断的完善和发展，到今天已经形成一套比较完备的科学体系。人们对审计的概念也进行了深入研究，最具代表性的是美国会计学会（AAA）审计基本概念委员会发表于1973年的《基本审计概念说明》(A Statement 0f Basic Auditing Concepts)，考虑了审计的过程和目标，定义为："审计是一个系统化过程，即通过客观地获取和评价有关经济活动与经济事项认定的证据，以证实这些认定与既定标准的符合程度，并将结果传达给有关使用者。"

根据我国证券市场监管体系的要求，公开发行股票的公司在披露会计信息时，应当聘请具有从事证券相关业务资格的会计师事务所进行审查验证。这些具有证券相关业务资格的注册会计师所进行的对会计信息的审查与验证过程就是注册会计师审计，即注册会计师审计是专门的注册会计师根据审计准则规定，接受委托对财务报表合法性、公允性和一致性发表审计意见，并出具审计报告。

**知识扩展**

审计按不同主体划分为政府审计（或国家审计）、内部审计和注册会计师审计（或叫民间审计、社会审计、独立审计）。

政府审计是由政府审计机关依法进行的审计；内部审计是由本单位内部专门的审计机构和人员对本单位财务收支和经济活动实施独立审查与评价。

### （二）注册会计师审计的作用

通过注册会计师审计能够提高会计信息的可信度，降低财务报表使用者的信息风险。

美国财务会计概念公告第1号《企业财务报告的目标》精确描述出注册会计师审计的作用："如果决策者掌握了反映企业经营状况和成果的信息，并将其应用于评价各种备选方案的预期回报、成本和风险，那么个人、企业、市场和政府在各项相互竞争的用途之间分配稀缺资源的有效性将得以提高。独立注册会计师一般会对财务报表以及其他可能的信息进行检查或审核，信息的提供者和使用者通常都认为注册会计师的意见可以提高信息的可靠性或可信度。"

本章所讲的注册会计师审计特指财务报表审计。《中国注册会计师审计准则第1101号——财务报表审计的目标和一般原则》中规定：财务报表审计的目标是注册会计师通过执行审计工作，对财务报表的下列方面发表审计意见：

（1）财务报表是否按照适用的会计准则和相关会计制度的规定编制。

（2）财务报表是否在所有重大方面公允反映被审计单位的财务状况、经营成果和现金

**记住：**

财务报表审计属于鉴证业务，注册会计师的审计意见旨在提高财务报表的可信赖程度。

流量。

## 三、注册会计师与会计师事务所

### （一）注册会计师

1. 注册会计师的资格认定

注册会计师是依法取得注册会计师证书并接受委托从事审计和会计咨询、会计服务的执业人员。根据《注册会计师法》的规定，我国实行注册会计师全国统一考试制度，通过注册会计师全国统一考试可以取得注册会计师资格。取得资格并在会计师事务所具有两年以上审计经验，经中国注册会计师协会或全省注册会计师协会登记注册，即可成为可执业的注册会计师。这意味着考试只是资格考试，通过考试不一定能执业。注册会计师要获得从事证券业的资格，也必须通过统一考试。

2. 注册会计师的业务范围

由于注册会计师具有良好的职业形象和较强的专业能力，这使得其日益成为政府部门和社会公众信赖的专业人士。同时，面对全球化、多元化和竞争激烈的会计市场，注册会计师实现审计业务收入的持续增长已非易事，必须不断地开拓新的市场和业务。从目前情况看，无论在国外，还是在我国，注册会计师承办的业务范围已经十分广泛，包括审计、审阅、其他鉴证业务和相关服务等。

审计业务包括：

（1）审查企业财务报表，出具审计报告，即财务报表审计。

（2）验证企业资本，出具验资报告。

（3）办理企业合并、分立、清算事宜中的审计业务，出具有关报告。

（4）办理法律、行政法规规定的其他审计业务，出具相应的审计报告。

**知识扩展**

审阅业务的目标，是注册会计师在实施审阅程序的基础上，说明是否注意到某些事项，使其相信财务报表没有按照适用的会计准则的规定编制，未能在所有重大方面公允反映被审阅单位的财务状况、经营成果和现金流量。相对审计而言，审阅程序简单，保证程度有限，审阅成本也较低。其他鉴证业务包括预测性财务信息审核、系统鉴证等。相关服务包括对财务信息执行商定程序、代编财务信息、税务服务、管理咨询以及会计服务等。

### （二）会计师事务所

1. 会计师事务所组织形式

**提示：**

审计业务仍然是注册会计师的核心业务。

会计师事务所是注册会计师依法承办业务的机构。根据《注册会计师法》的规定，我国会计师事务所分为合伙会计师事务所和有限责任会计师事务所两种形式。综观注册会计师行业在西方国家和我国的发展，会计师事务所主要有以下三种具体的组织形式：

（1）普通合伙会计师事务所，是由两位或两位以上合伙人组成的合伙组织。合伙人以各自的财产对事务所的债务承担无限连带责任。它的优点是，在风险的牵制和共同利益的驱动下，促使事务所提高执业质量，扩大业务规模，提高控制风险的能力。缺点是，建立一个跨地区、跨国界的大型会计师事务所要经历一个漫长的过程。同时，任何一个合伙人执业中的失误或舞弊行为，都可能给整个会计师事务所带来灭顶之灾，使之一日之间土崩瓦解。

（2）有限责任会计师事务所，由注册会计师认购会计师事务所股份，并以其所认购股份对会计师事务所承担有限责任。会计师事务所以其全部资产对其债务承担有限责任。它的优点是，可以通过公司制形式迅速聚集一批注册会计师，组成大型会计师事务所，承办大型业务。缺点是，降低了风险责任对执业行为的高度制约，弱化了注册会计师的个人责任。

（3）有限责任合伙会计师事务所，在我国又称特殊的普通合伙会计师事务所，最明显的特征是合伙人只需承担有限责任。无过失的合伙人对于其他合伙人的过失或不当执业行为以自己在事务所的财产为限承担责任，不承担无限责任，除非该合伙人参与了过失或不当执业行为。它的最大特点在于既融入了普通合伙和有限责任会计师事务所的优点，又摒弃了它们的不足。这种组织形式是为顺应经济发展对注册会计师行业的要求，于20世纪90年代初期兴起的。到1995年底，几个大的国际会计公司在美国的执业机构已完成了向有限责任合伙的转型，同时，在它们的土导下，包括我国在内的许多国家和地区的大中型会计师事务所也陆续开始转型。目前，有限责任合伙会计师事务所已成为当今注册会计师职业界组织形式发展的一大趋势。

**相关链接**

“五大”国际会计师事务所变为“四大”国际会计师事务所：2001年，安然公司会计造假丑闻发生后，为安然公司出具审计报告的安达信会计师事务所受事件影响而被迫关闭。剩下的普华永道、安永、毕马威和德勤被称为国际“四大”会计师事务所。

2. 会计师事务所的从业范围

会计师事务所的业务主要有审计、会计咨询和服务等。对公开发行股票的公司的审计，要求会计师事务所和注册会计师具有由中国证券监督管理委员会和中国注册会计师协会认证的从事证券相关业务的资格。我国目前大约有7 000家会计师事务所，其中具有资格能对公开发行股票的公司进行审计的会计师事务所有50多家。

## 四、中国注册会计师职业道德守则

注册会计师站在公正独立的立场上对公司的财务报表进行审计，实质上是维护投资者的利益，对于上市公司，主要是维护社会公众的利益，从这个意义上看，“公众是注册会计师的唯一客户”。由于注册会计师的特殊地位，各国注册会计师协会均对注册会计师的职业道德提出了近乎苛刻的要求，以提高注册会计师的职业形象和职业信誉。

在原职业道德基本准则和职业道德规范指导意见的基础上，中国注册会计师协会于2010年2月颁布了中国注册会计师职业道德守则，具体包括职业道德基本原则、职业道德概念框架等。

### （一）职业道德基本原则

职业道德基本原则规定，注册会计师应当遵守本守则，履行相应的社会责任，维护公众利益，并必须遵守一系列前提原则，包括诚信原则、独立原则、客观原则、专业胜任能力和应有的关注原则、保密原则、职业行为原则。

1. 诚信原则

诚信，是指诚实、守信。也就是说，一个人言行与内心思想一致，不虚假；能够履行对别人的约定而取得对方的信任。诚信原则要求注册会计师应当在所有的职业关系和商业关系中保持正直和诚实，秉公处事、实事求是。

2. 独立原则

在市场经济条件下，投资者主要依赖财务报表判断投资风险，在投资机会中作出选择。如果注册会计师不能与客户保持独立，而是存在经济利益、关联关系，或屈从于外界压力，就很难取信于社会公众。因而在中国注册会计师职业道德守则中特别强调独立性原则，并对独立性的基本要求和具体要求作出相应规定。

（1）对独立性的基本要求。

首先是独立性的理解。独立性包括实质上的独立性和形式上的独立性：①实质上的独立性是一种内心状态，要求注册会计师在提出结论时不受有损于职业判断的因素影响，能够诚实公正行事，并保持客观和职业怀疑态度；②形式上的独立性要求注册会计师避免出现重大的事实和情况，使得一个理性且掌握充分信息的第三方在权衡这些事实和情况后，很可能推定会计师事务所或项目组成员的诚信、客观或职业怀疑态度已经受到损害。

然后是运用独立性概念框架。独立性概念框架是指解决独立性问题的思路和方法。注册会计师在应用独立性概念框架时应当运用职业判断，独立性概念框架要求注册会计师采取下列措施：①识别对独立性的不利影响；②评价以识别不利影响的重要程度；③必要时采取防范措施消除不利影响或将其降至可接受水平。如果未能采取有效防范措施消除不利影响或将其降至可接受水平，注册会计师应当消除产生不利影响的情形或关系，或者拒绝接受审计业务委托或解除审计业务约定。

（2）对独立性的具体要求。

注册会计师职业道德守则规定，以下情况可能对独立性产生不利影响，这时应采取相应的防范措施：①经济利益；②贷款和担保以及商业关系、家庭和私人关系；③与审计客户发生雇佣关系；④高级职员与审计客户的长期关联；⑤为审计客户提供非鉴证服务和收费。

**【实例9-2】**

2004年4月16日美国联邦证券交易委员会（SEC）宣布，由于安永国际会计师事务所违反了独立审计准则，因而在未来6个月内它将被暂停接受新的客户；与此同时，SEC要求安永美国归还其1994～1999年向仁科公司收取的170万美元审计费用。SEC的相关调查显示，安永曾经在向仁科软件公司（PeopleSoft Inc.）提供审计服务的同时，还与其合作开发和销售一种软件产品，而这种做法有悖于美国法律规定的独立审计准则。美国舆论称，“6个月不得接受在美国上市的公司作为新的审计客户”，这一禁令是美国政府对会计师事务所采取的最严厉的措施之一，“几乎相当于被判处死刑”。安永美国的竞争对手很可能利用这一禁令夺走安永的客户。

此次“安永事件”折射出全球注册会计师行业独立性缺失已经到了不容忽视的地步。独立性制约着注册会计师行业的发展，几乎每个审计失败案的发生都根源于缺乏独立性。

3. 客观原则

客观，是指按照事物的本来面目去考察，不添加个人的偏见。客观原则要求注册会计师不应因偏见、利益冲突以及他人的不当影响而损害职业判断。独立于审计客户是遵循客观性基本原则的内在要求。

4. 专业胜任能力和应有的关注

专业胜任能力和应有的关注原则要求注册会计师应当保持专业胜任能力，将专业知识和技能始终保持在应有的水平之上，以适应当前实务、法律和技术的发展，确保客户或雇佣单位能够得到合格的专业服务。同时，在提供专业服务时，注册会计师应当保持应有的关注，遵守职业准则和技术规范，勤勉尽责。

专业胜任能力是指注册会计师具有专业知识、技能和经验，能够经济、有效地完成客户委托的业务。会员如果不能保持和提高专业胜任能力，就难以完成客户委托的业务。事实上，如果会员在缺乏足够的知识、技能和经验的情况下提供专业服务，就构成了一种欺诈。

应有的关注，要求注册会计师勤勉尽责，按照有关工作要求，认真、全面、及时地完成工作任务。

5. 保密原则

保密原则要求注册会计师应当对因职业关系和商业关系而获知的信息予以保密，避免出现下列行为：一是除非法律法规和职业规范允许或要求，在未经适当且特别授权的情况下，向会计师事务所或雇佣单位以外的第三方披露由于职业关系和商业关系获知的涉密信息；二是利用因职业关系和商业关系而获知的涉密信息为自己或第三方谋取利益。

6. 职业行为

职业行为原则要求注册会计师应当遵守相关法律法规，避免发生任何注册会计师已知悉或应当知悉的有损职业声誉的行为。

### （二）职业道德概念框架

职业道德概念框架旨在为会员提供解决职业道德问题的思路，要求会员：

（1）识别对遵循职业道德基本原则的不利影响。

（2）评价已识别不利影响的重要程度。

（3）采取必要的防范措施消除不利影响或将其降至可接受水平。

## 五、中国注册会计师执业准则

中国注册会计师执业准则体系包括注册会计师业务准则和会计师事务所质量控制准则两大部分组成，两者均遵守中国注册会计师职业道德守则。基本构成如图9-1所示。

1. 注册会计师业务准则

注册会计师业务准则包括鉴证业务准则和相关服务准则，如图 9－2 所示。

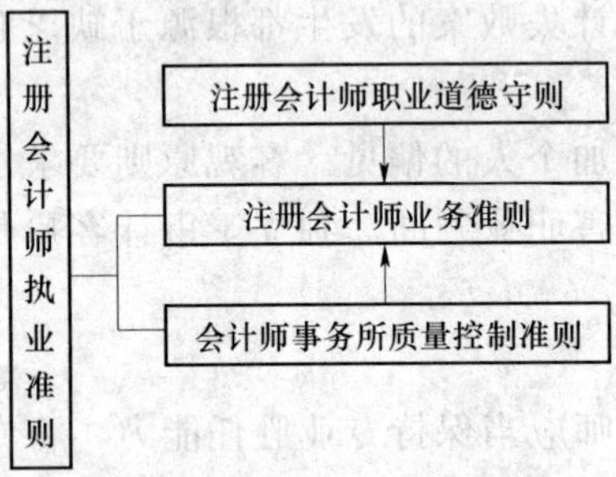


图 9－1　注册会计师执业准则体系

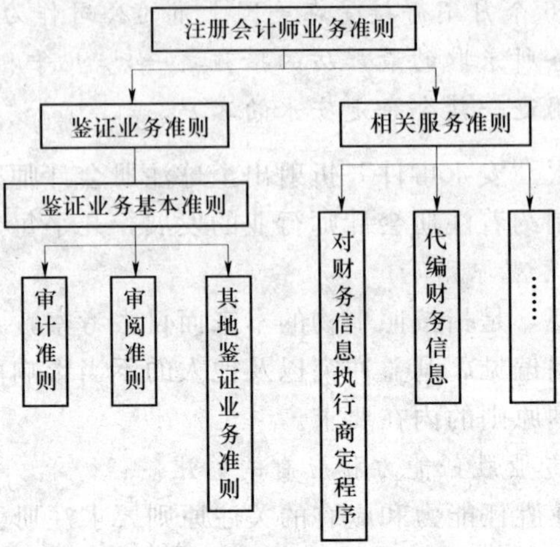


图 9－2　注册会计师业务准则体系

（1）鉴证业务准则。鉴证业务准则按照鉴证业务提供的保证程度和鉴证对象的不同，分为：①中国注册会计师审计准则，审计准则用以规范注册会计师执行历史财务信息的审计业务，审计准则是整个执业准则体系的核心；②中国注册会计师审阅准则，审阅准则用以规范注册会计师执行历史财务信息的审阅业务；③中国注册会计师其他鉴证业务准则；④其他鉴证业务准则，用以规范注册会计师执行历史财务信息审计或审阅以外的其他鉴证业务。

（2）相关服务准则。相关服务准则用以规范注册会计师代编财务信息、执行商定程序，提供管理咨询等其他服务。在提供相关服务时，注册会计师不提供任何程度的保证。

2. 会计师事务所质量控制准则

为了规范会计师事务所质量控制，保证执业质量，我国 1997 年 1 月 1 日开始实施《中国注册会计师质量控制基本准则》。会计师事务所质量控制准则用以规范会计师事务所在执行各类业务时应当遵守的质量控制政策和程序，是对会计师事务所质量控制提出的制度要求。2006 年 2 月 15 日中国注册会计师协会颁布《会计师事务所质量控制准则第 5101 号——业务质量控制》，并于 2007 年 1 月 1 日起施行。

## 六、审计报告

注册会计师应当获取充分、适当的审计证据，以得出合理的审计结论。

审计报告是指注册会计师根据中国注册会计师审计准则的规定，在实施审计工作的基础上对被审计单位财务报表发表审计意见的书面文件。审计报告分为标准审计报告和非标准审计报告。标准审计报告包含的审计报告要素齐全，属于无保留意见，且不附加说明段、强调事项段或任何修饰性用语。非标准审计报告，是指标准审计报告以外的其他审计报告，包括带强调事项段的无保留意见的审计报告和非无保留意见的审计报告。非无保留意见的审计报告包括保留意见的审计报告、否定意见的审计报告和无法表示意见的审计报告。

1. 标准审计报告

当注册会计师出具的无保留意见的审计报告不附加说明段、强调事项段或任何修饰性用语时，该报告称为标准审计报告。

**【实例 9-3】 标准审计报告的参考格式**

**审　计　报　告**

ABC 股份有限公司全体股东：

我们审计了后附的 ABC 股份有限公司（以下简称 ABC 公司）财务报表，包括 2009 年 12 月 31 日的资产负债表，2009 年度的利润表、股东权益变动表和现金流量表以及财务报表附注。

一、管理层对财务报表的责任

按照企业会计准则和《××会计制度》的规定编制财务报表是 ABC 公司管理层的责任。这种责任包括：①设计、实施和维护与财务报表编制相关的内部控制，以使财务报表不存在由于舞弊或错误而导致的重大错报；②选择和运用恰当的会计政策；③作出合理的会计估计。

二、注册会计师的责任

我们的责任是在实施审计工作的基础上对财务报表发表审计意见。我们按照中国注册会计师审计准则的规定执行了审计工作。中国注册会计师审计准则要求我们遵守职业道德规范，计划和实施审计工作以对财务报表是否不存在重大错报获取合理保证。

审计工作涉及实施审计程序，以获取有关财务报表金额和披露的审计证据。选择的审计程序取决于注册会计师的判断，包括对由于舞弊或错误导致的财务报表重大错报风险的评估。在进行风险评估时，我们考虑与财务报表编制相关的内部控制，以设计恰当的审计程序，但目的并非对内部控制的有效性发表意见。审计工作还包括评价管理层选用会计政策的恰当性和作出会计估计的合理性，以及评价财务报表的总体列报。

我们相信，我们获取的审计证据是充分、适当的，为发表审计意见提供了基础。

三、审计意见

我们认为，ABC 公司财务报表已经按照企业会计准则和《××会计制度》的规定编制，在所有重大方面公允反映了 ABC 公司 2009 年 12 月 31 日的财务状况以及 2009 年度的经营成果和现金流量。

××会计师事务所　　　　　　　　　　中国注册会计师：×××

（盖章）　　　　　　　　　　　　　　　　（签名并盖章）

中国注册会计师：×××

（签名并盖章）

中国××市　　　　　　　　　　　　　二〇一〇年×月×日

2. 带强调事项段的无保留意见的审计报告

当存在可能导致对持续经营能力产生重大疑虑的事项或情况或可能对财务报表产生重大影响的不确定事项，但不影响已发表的审计意见时，注册会计师应当在审计意见段之后增加强调事项段对此予以强调。

3. 保留意见的审计报告

如果认为财务报表整体是公允的，但还存在下列情形之一，注册会计师应当出具保留意见的审计报告：①会计政策的选用、会计估计的作出或财务报表的披露不符合适用的会计准则和相关会计制度的规定，虽影响重大，但不至于出具否定意见的审计报告；②因审计范围受到限制，不能获取充分、适当的审计证据，虽影响重大，但不至于出具无法表示意见的审计报告。

4. 否定意见的审计报告

如果认为财务报表没有按照适用的会计准则和相关会计制度的规定编制，未能在所有重大方面公允反映被审计单位的财务状况、经营成果和现金流量，注册会计师应当出具否定意见的审计报告。

5. 无法表示意见的审计报告

如果审计范围受到限制可能产生的影响非常重大和广泛，不能获取充分、适当的审计证据，以至于无法对财务报表发表审计意见，注册会计师应当出具无法表示意见的审计报告。

**知识扩展**

由于增加强调事项段是为了提醒财务报表使用者关注某些事项，并不影响注册会计师的审计意见，为了使财务报表使用者明确这一点，注册会计师应当在强调事项段中指明，该段内容仅用于提醒财务报表使用者关注，并不影响已发表的审计意见。

无论是无法表示意见还是否定意见，都只有在非常严重的情形下采用。

## 七、注册会计师的法律责任

### （一）相关概念

经营失败，是指企业由于经济或经营条件的变化（如经济衰退、不当的管理决策或出现意料之外的行业竞争等）而无法满足投资者的预期。经营失败的极端情况是申请破产。

舞弊，是指使用欺骗手段获取不当或非法利益的故意行为。在财务报表审计中，注册会计师通常只关注下列舞弊行为：①侵占资产；②对财务信息作出虚假报告。对财务信息作出虚假报告，可能源于管理层通过操纵利润误导财务报表使用者对被审计单位业绩或盈利能力的判断。

**相关链接**

据美国注册舞弊调查师联合会 2001 年的一份研究报告估计，美国每年因舞弊导致的损失达 6 000 亿美元，占企业营业收入的 6%，尚不包括因公司财务报告舞弊导致的投资者损失，例如安然财务报告造假曝光后，其股票价格狂跌，投资者估计损失约 900 亿美元。美国的安然、世通以及我国的琼民源、银广夏、红光实业等舞弊案件都属于“对财务信息作出虚假报告”这一种类。

案例说明舞弊是现代经济社会的一个毒瘤，给社会带来了很大的危害。

审计失败，则是指注册会计师在审计过程中没有尽到应有的职业谨慎和遵守审计准则要求而发表了错误的审计意见。应有的职业谨慎，指的是注册会计师应当具备足够的专业知识和业务能力，按照执业准则的要求执业。

注册会计师因违约、过失或欺诈给被审计单位或其他利害关系人造成损失的，按照有关法律规定，需承担相应的法律责任，可能被判承担负行政责任、民事责任或刑事责任。这三种责任可单处，也可并处。

### （二）造成注册会计师法律责任逐步加重的原因

注册会计师在执行审计业务时，应当按照审计准则的要求审慎执业，保证执业质量，控制审计风险。否则，一旦出现审计失败，就有可能承担相应的法律责任。法律责任的出现，通常缘于注册会计师在执业时没有保持应有的职业谨慎，并因此导致了对他人权利的损害。但目前看，注册会计师法律责任逐步加重，注册会计师涉及法律诉讼的数量和金额都呈上升趋势。20 世纪 90 年代美国专家估计，由于法律诉讼和赔偿金额的激增，美国会计师事务所诉讼的直接费用支出占其审计收入的 20%。诉讼赔偿不仅是大型会计师事务所面临的问题，也是中小会计师事务所提供鉴证服务应当考虑的问题。

造成注册会计师法律责任逐步加重的原因可归结为以下几个方面：

1. 对注册会计师发现舞弊的责任，注册会计师职业界与社会公众之间存在期望差

防止或发现舞弊是被审计单位治理层和管理层的责任。内部控制是防止或发现舞弊的第一道防线，治理层有责任监督管理层建立和维护这方面的内部控制。管理层有责任在治理层的监督下建立良好的控制环境，维护有关政策和程序，以保证有序和有效地开展业务活动，包括制定和维护与财务报告可靠性相关的控制，并对可能导致财务报表发生重大错报的风险实施管理（关于这点将在下节详细展开）。

在重大的财务报告舞弊案件发生后，社会公众总是会问“注册会计师干什么去了”。注册会计师职业界往往会辩解财务报表审计不是专门的舞弊调查，在发现舞弊方面有很大的局限性。

注册会计师对发现舞弊方面的责任可以从正反两个方面界定：一方面，注册会计师有责任按照审计准则的规定实施审计工作，获取财务报表在整体上不存在重大错报的合理保证。审计准则还规定，注册会计师应当在整个过程中始终持职业怀疑态度，考虑管理层凌驾于控制之上的可能性，并应意识到，可以有效发现错误的审计过程未必适用于发现舞弊导致的重大错报。另一方面，由于审计的固有限制，即使按照审计准则的规定恰当地计划和实施审计工作，注册会计师也不能对财务报表整体不存在重大错报提供绝对保证。由于舞弊者可能通过精心策划掩盖其舞弊行为，舞弊导致的重大错报未被发现的风险，通常大于错误导致的重大错报未被发现的风险。由于管理层往往能够直接或间接地操纵会计记录并编报虚假财务信息，管理层舞弊导致的重大错报未被发现的风险，通常大于员工舞弊导致的重大错报未被发现的风险。

2. 财务报表使用者不理解经营失败和审计失败之间的差别

众所周知，资本投入或借给企业后就面临某种程度的经营风险。但遗憾的是，目前一旦被审计单位经营失败，就会连累注册会计师，公众就会认为投资损失是注册会计师审计

失败造成的，直接把被审计单位的经营失败和注册会计师的审计失败等同起来。

3. 消费者利益的保护主义兴起

投资者和债权人更多开始使用经审计的财务报表作为决策依据。这种现象提高了社会公众对注册会计师工作的期望，也极大增强了依赖注册会计师工作的投资者和债权人由于遭受损失而向注册会计师获取补偿的愿望。这可以视为对消费者权益与商业利益之间出现利益失衡进行的一种补偿，表明人们开始对消费者的利益逐渐认识和重视。

4. 有关审计保险论的运用

社会公众将注册会计师看做是财务报表的保证人。因此，当注册会计师作为“保证人”被看做是一个拥有经济实力的团体时，投资者和债权人在每次遭遇困境时，往往将注册会计师作为索取赔偿的对象，当作承担责任的“深口袋”。伴随着诉讼迅速增长的趋势，出现了另外一个重要的现象：职业过失保险赔付急剧增长，而保险赔付的增加又不可避免地导致保险费用的攀升。

5. 注册会计师对商业领域的参与日渐拓展

这在一定程度上也加重了注册会计师法律责任的延伸。

**知识扩展**

“诉讼爆炸”是注册会计师责任加重的主要表现形式。近十多年来，企业经营失败或者因管理层舞弊造成破产倒闭的事件剧增，投资者和贷款人蒙受重大损失，注册会计师因而被指控未能及时揭示或报告这些问题，并被要求赔偿有关损失。迫于社会的压力，许多国家的法院判决逐渐倾向于扩大注册会计师在这些方面的法律责任。

## 第二节　内部控制与会计信息

注册会计师审计可以提高会计信息的可信度，但是，保障会计信息真实可靠首先依赖于会计信息的产生和编制过程，而公司内部控制能保障会计信息的真实可靠，即内部控制的有效性与会计信息的质量直接挂钩，一般来说，会计信息失真必然伴随着内部控制失效。

**记住：**

内部控制能保证会计信息的可靠性，是防治会计信息失真的有效途径，这是国内外公认的措施。

### 一、内部控制国际发展历程

内部控制的发展，从内部控制概念的演变来看，大致经历了内部牵制、内部控制制度、内部控制结构、内部控制整体框架和企业风险管理框架 5 个阶段。

#### （一）内部牵制阶段

尽管内部控制直到 20 世纪 30 年代才被人们提出、认识和接受。但在此前的人类社会发展史中，早已存在着内部控制的基本思想和初级形式，这就是内部牵制。

**【实例 9－4】**

1995 年 2 月 26 日，新加坡巴林公司期货经理尼克·里森投资日经 225 股指期货失利，导致巴林银行遭受巨额损失，合计损失达 14 亿美元，最终无力继续经营而宣布破产。从此，这个有着 233 年经营史和良好业绩的老牌商业银行在伦敦城乃至全球金融界消失。

从制度上看，巴林最根本的问题在于交易与清算角色的混淆。里森在 1992 年去新加坡后，任职巴林新加坡期货交易部兼清算部经理。作为一名交易员，里森本来的工作是代巴林客户买卖衍生产品，并替巴林从事套利这两种工作，基本上没有太大的风险。因为代客操作，风险由客户自己承担，交易员只是赚取佣金，而套利行为亦只赚取市场间的差价。例如，里森利用新加坡及其他市场极短时间内的不同价格，替巴林赚取利润，一般银行允许其交易员持有一定额度的风险部位。但为了防止交易员将其所属银行暴露在过多的风险中，这种许可额度通常定得相当有限。而通过清算部门每天的结算工作，银行对其交易员和风险部位的情况也可予以有效了解并掌握。但不幸的是，里森却一人身兼交易与清算二职，拥有批准、执行、审核三种权力。

新加坡在 1995 年 10 月 17 日公布了有关巴林银行破产的报告及里森自传中的一个感慨，其中一段是："巴林集团如果在 1995 年 2 月之前能够及时采取行动，那么他们还有可能避免崩溃。截至 1995 年 1 月底，即使已发生重大损失，这些损失毕竟也只是最终损失的 1/4。如果说巴林的管理阶层直到破产之前仍然对"88888"账户的事一无所知，我们只能说他们一直在逃避事实。但如果是在任何其他一家银行，我是不会有机会开始这项犯罪的。"

内部牵制理念具有科学性，其基于两个设想：第一，因为相互有了制衡，在经办一项交易或事项时，两个或两个以上人员或部门无意识地犯同样的错误的概率要大大小于一个人或部门。第二，两个或两个以上人员或部门有意识地合伙舞弊的可能性大大低于一个人或部门。

内部牵制是以不相容职务分离为主要内容的流程设计，其主要目的是查错防弊，且主要针对执行层面。

**知识扩展**

所谓不相容职务是指那些如果由一个人担任，既可能发生错误和舞弊行为，又可能掩盖其错误和弊端行为的职务。一般情况下，单位的经济业务活动通常可以划分为授权、签发、核准、执行和记录 5 个步骤。概括而言，在单位内部应加以分离的主要不相容职务有：①授权进行某项经济业务和执行该项业务的职务要分离，如有权决定或审批材料采购的人员不能同时兼任采购员职务。②执行某些经济业务和审核这些经济业务的职务要分离，如填写销货发票的人员不能兼任审核人员。③执行某项经济业务和记录该项业务的职务要分离，如销货人员不能同时兼任会计记账工作。④保管某些财产物资和对其进行记录的职务要分离，如会计部门的出纳员与记账员要分离，不能兼任。⑤保管某些财产物资和核对实存数与账存数的职务要分离。⑥记录明细账和记录总账的职务要分离。⑦登记日记账和登记总账的职务要分离。

### (二) 内部控制制度阶段

最早提出内部会计控制系统的是1934年美国发布的《证券交易法》。该法规定：证券发行人应设计并维护一套能够为财务信息真实可靠目标提供合理保证的内部控制制度。

1958年，美国审计程序委员会又发布了《独立审计人员评价内部控制的范围》的报告，将内部控制分为内部会计控制和内部管理控制。其中内部会计控制包括与财产安全和财产记录的可靠性有关的所有方法和程序；内部管理控制包括组织规划的所有方法和程序，这些方法和程序主要与经营效率和贯彻管理方针有关。

可见，这一阶段的内部控制开始突破与财务会计直接有关的控制的局限，在内容上还多了内部管理控制。

### (三) 内部控制结构阶段

1988年，美国注册会计师协会发布《审计准则公告第55号》(SAS55)，并规定从1990年1月起取代1972年原发布的《审计准则公告第1号》。第55号公告首次以"内部控制结构"代替"内部控制制度"。明确"企业的内部控制结构"，包括为提供取得企业特定目标的合理保证而建立的各种政策和程序，其由三个要素组成：①控制环境，主要表现在股东、董事会、经营者及其他员工对内部控制的态度和行为；②会计系统，规定各项经济业务的确认、计算、记录、归集、分类、分析和报告的方法，也就是要建立企业内部的会计制度；③控制程序，指管理当局为达到控制的目标而制定的政策和程序。

可见，内部控制结构理论有两个明显的特点：①控制环境被纳入内部控制的范围；②不再区分会计控制和管理控制，而统一以要素来表述。

### (四) 内部控制整合框架阶段

1992年9月，COSO（全国虚假财务报告委员会下属的发起人委员会的英文缩写）发布了著名的《内部控制——整合框架》，并于1994年进行了修订。这是COSO的第一份报告内容。这一报告已经成为内部控制领域最为权威的文献之一。

该报告系内部控制发展历程中的一座重要里程碑，其对内部控制的发展所作出的贡献可以用三句话十二个字概括，那就是"一个定义、三项目标、五种要素"：

"一个定义、三项目标"，是指COSO委员会在《内部控制——整体框架》中，将内部控制定义为："由企业董事会、管理层和其他人员实施的，为经营的效果和效率、财务报告的可靠性、相关法规的遵循等目标的实现而提供合理保证的过程。"

"五种要素"，是指该报告将内部控制的组成分成5个相互独立而又相互联系的5个要素，即控制环境、风险评估、控制活动、信息与沟通和监控，如图9-3所示。

图9-3 COSO的企业内部控制整体框架图

### （五）企业风险管理框架阶段

在美国《萨班斯—奥克斯利法案》出台前，企业与公众都将注册会计审计视为保证会计信息可信度的最重要的途径，却忽视了内部控制、中介机构、机构投资者、专业媒体以及资本市场的收购与兼并等机制对公司会计信息的制约的作用，特别是严重忽略内部控制的功能与作用。企业内部普遍存在“一手硬，一手软”，即重财务报表而轻内部控制的状况。财务舞弊层出不穷，财务丑闻接连不断的事实终于让人们意识到了“两手抓，两手都要硬”的重要性，进而社会各方开始重视内部控制体系的建设。美国《萨班斯——奥克斯利法案》要求公司建立保证会计信息真实可靠的内部控制制度也是在这种背景下产生的。

**知识扩展**

随着美国安然、施乐等一批大公司会计造假丑闻的披露，暴露出美国现行公司体制中存在的弊端。为整顿上市公司秩序、维护投资者信息，美国民主党参议员萨班斯（Sarbanes）和共和党众议员奥克斯利（Oxley）联合提出了一项法案。该法案即以他们的名字命名，并于 2002 年 7 月美国总统布什签署获得通过。

该法案的效力涵盖了注册于美国证监会（SEC）之下的 14 000 家公司，其中包括大量的非美国公司。

该法案的根本宗旨是通过提高公司信息披露的准确性和可靠性，加强对投资者的保护，其中的 404 条款——管理层对内部控制的评价是最核心的条款之一，也是最复杂、最昂贵的条款。该条款对公司，尤其是上市公司影响最深，要求公司的管理层对公司内部控制系统的有效性作出评估和报告，即公司管理层在其年度报告中提供公司内部控制的评估报告。

安然、世通事件之后，COSO 委员会在原有内部控制整体框架的基础上，结合《萨班斯—奥克斯利法案》在财务报告方面的具体要求，于 2004 年发表了新的研究报告——《企业风险管理框架》，这是 COSO 的第二份报告内容。企业风险管理框架将内部控制提升到企业风险管理这一更高层面上，提出一个新观念，增加一项目标、两个概念和三个要素，即提出风险组合观念，新增战略目标，风险偏好和风险容忍度概念，以及目标制定、事项识别和风险反应三个要素。

## 二、我国内部控制发展最新动态

### （一）我国内部控制发展历史

我国在 20 世纪 80 年代前没有“内部控制”这一概念。内部控制作为一种管理制度被明确写入有关法规中，还是近十年的事。

2000 年 7 月开始实施的新《中华人民共和国会计法》第二十七条规定：“各单位应当建立、健全本单位内部会计监督制度。”虽然没有直接提到内部控制，但其具体监督内容全部是内部控制的要求，如记账人员与经济业务事项和会计事项的审批人员、经办人员、财物保管人员的职责权限应当明确，并相互分离、相互制约。这是我国对内部控制的最高法律规范。但因为是《会计法》，规范的内容局限于内部会计控制的要求，没有涉及全部内部控制的内容。

2001 年 6 月 22 日，财政部发布了《内部会计控制规范——基本规范（试行）》、《内部会计控制规范——货币资金（试行）》等。在《基本规范》的第二条中规定："本规范所称内部会计控制是指单位为了提高会计信息质量，保护资产的安全、完整，确保有关法律法规和规章制度的贯彻执行等而制定和实施的一系列控制方法、措施和程序。"

### （二）企业内部控制基本规范

财政部、证监会、审计署、银监会、保监会 2008 年 6 月 28 日联合发布了我国第一部《企业内部控制基本规范》（下称"基本规范"），标志着中国企业内部控制规范体系建设取得重大突破。该规范合理借鉴了以美国 COSO 报告为代表的国外内部控制框架，并根据我国国情进行了较大调整和改进。对国外内部控制框架，尤其是 COSO 框架的借鉴，主要体现在基本规范中。基本规范在形式上借鉴了 COSO 报告五要素框架，同时在内容上体现了风险管理八要素框架的实质。要求上市公司自 2009 年 7 月 1 日起实施。

企业内部控制基本规范的基本内容包括定义、目标、原则、要素等。

1. 内部控制定义

本规范所称的内部控制，是由企业董事会、监事会、经理层和全体员工实施的、旨在实现控制目标的过程。

2. 内部控制目标

内部控制的目标是合理保证企业经营管理合法合规、资产安全、财务报告及相关信息真实完整，提高经营效率和效果，促进企业实现发展战略。

3. 内部控制建立与实施原则

（1）全面性原则。内部控制应当贯穿决策、执行和监督全过程，覆盖企业及其所属单位的各种业务和事项。

（2）重要性原则。内部控制应当在全面控制的基础上，关注重要业务事项和高风险领域。

（3）制衡性原则。内部控制应当在治理结构、机构设置及权责分配、业务流程等方面形成相互制约、相互监督，同时兼顾运营效率。

（4）适应性原则。内部控制应当与企业经营规模、业务范围、竞争状况和风险水平等相适应，并随着情况的变化及时加以调整。

（5）成本效益原则。内部控制应当权衡实施成本与预期效益，以适当的成本实现有效控制。

4. 内部控制要素

企业建立与实施有效的内部控制，应当包括下列要素：

（1）内部环境。内部环境是企业实施内部控制的基础，一般包括治理结构、机构设置及权责分配、内部审计、人力资源政策、企业文化等。

（2）风险评估。风险评估是企业及时识别、系统分析经营活动中与实现内部控制目标相关的风险，合理确定风险应对策略。

**【实例 9－5】 中信泰富衍生工具损失**

2008 年 10 月，中信泰富公司因为从事澳元杠杆式远期交易而发生巨额损失，成为又一起衍生工具灾难。从表面看来，导致中信泰富巨额损失的原因是由于澳元兑美元汇率发生异常波动而导致的市场风险，但事实上，乃是由于该公司内部控制失控而产生的操作风险。在现实中，操作风险往往是衍生工具的核心风险。

具体而言，中信泰富在衍生工具内部控制方面存在以下问题：

1）缺乏明确的授权。财务董事在未取得主席批准的情况下竟能签署巨额的合约；由少数人掌控整个交易过程。

2）为投机目的盲目从事杠杆式衍生工具交易：交易金额远远超过套期保值需要，投机成分重过套期保值；交易品种选择错误；合约条款明显不利于公司。

3）没有制定严格的限额控制。在签订合约中，只规定盈利上限，没有规定止损点；没有对衍生工具头寸及其风险限额进行严格的限制，从而为巨额损失埋下了隐患。

4）没有及时止损。澳元自2008年7月中下旬便开始下跌，在以后长达3个月里，中信泰富一直没有及时制止进一步亏损。即便在事件发生后，中信泰富也没有及时平仓。

5）缺乏有效的风险识别与评估机制：在交易之前缺乏风险识别与评估；在合约持续期间，企业也应当不断地关注风险因素并对其发生的概率和损失的金额进行评估。

从本案例至少可得到以下两点启示：

其一，企业在从事衍生工具交易时，务必要完善内部控制与风险管理机制，尤其是要强化授权、职责分离、限额控制、交易止损机制、风险识别与评估、内部报告等制度。

其二，在观念上，企业管理层和交易人员必须要强化风险意识，避免盲目乐观，忽视市场中随时潜伏的巨大风险。并且，需要牢记，衍生工具的首要功能在于避险，而不是投机。

（3）控制活动。控制活动是企业根据风险评估结果，采用相应的控制措施，将风险控制在可承受度之内。

以销售收款活动为例，销售收款业务至少应当关注由于客户信用管理不到位、结算方式选择不当、账款回收不力等，可能导致销售款项不能收回或遭受欺诈等风险。

针对这些风险，需要设计一套办法予以控制，即企业应当结合实际情况，全面梳理销售业务流程，完善销售业务相关管理制度，确定适当的销售政策和策略，明确销售、发货、收款等环节的职责和审批权限，按照规定的权限和程序办理销售收款业务，定期检查分析销售收款过程中的薄弱环节，采取有效控制措施，确保实现销售收款目标。

具体包括：

1）企业应当完善应收款项管理制度，严格考核，实行奖惩。

2）销售部门负责应收款项的催收，催收记录（包括往来函电）应妥善保存；财会部门负责办理资金结算并监督款项回收。

3）企业应当加强商业票据管理，明确商业票据的受理范围，严格审查商业票据的真实性和合法性，防止票据欺诈。

4）企业应当关注商业票据的取得、贴现和背书，对已贴现但仍承担收款风险的票据以及逾期票据，应当进行追索监控和跟踪管理。

5）企业应当加强对销售、发货、收款业务的会计系统控制，详细记录销售客户、销售合同、销售通知、发运凭证、商业票据、款项收回等情况，确保会计记录、销售记录与仓储记录核对一致。企业应当指定专人通过函证等方式，定期与客户核对应收账款、应收票据、预收账款等往来款项。企业应当加强应收款项坏账的管理。应收款项全部或部分无法收回的，应当查明原因，明确责任，并严格履行审批程序，按照国家统一的会计准则制度进行处理。

（4）信息与沟通。信息与沟通是企业及时、准确地收集、传递与内部控制相关的信息，确保信息在企业内部、企业与外部之间进行有效沟通。

（5）内部监督。内部监督是企业对内部控制建立与实施情况进行监督检查，评价内部控制的有效性，发现内部控制缺陷，应当及时加以改进。

### （三）企业内部控制配套指引

2010年4月26日，财政部会同证监会、审计署、国资委、银监会、保监会等部门在北京召开联合发布会，隆重发布了《企业内部控制配套指引》（下称“配套指引”）。该配套指引连同2008年5月发布的《企业内部控制基本规范》，共同构建了中国企业内部控制规范体系。该配套指引要求自2011年1月1日起首先在境内外同时上市的公司施行，自2012年1月1日起扩大到在上海证券交易所、深圳证券交易所主板上市的公司施行，在此基础上，择机在中小板和创业板上市公司施行；同时，鼓励非上市大中型企业提前执行。

配套指引由21项企业内部控制应用指引、企业内部控制评价指引和企业内部控制审计指引组成。三者之间既相互独立，又相互联系，形成一个有机整体。

其中，应用指引是对企业按照内控原则和内控“五要素”建立健全本企业内部控制所提供的指引，在配套指引乃至整个内部控制规范体系中占据主体地位。应用指引可以划分为三类，即内部环境类指引、控制活动类指引、控制手段类指引，基本涵盖了企业资金流、实物流、人力流和信息流等各项业务和事项。

评价指引是为企业管理层对本企业内部控制有效性进行自我评价、形成评价结论、出具评价报告提供的指引。在企业内部控制实务中，内部控制评价是极为重要的一环。

审计指引是为注册会计师和会计师事务所执行内部控制审计业务的执业准则，它是企业内部控制规范体系实施中引入的强制性要求，既有利于促进企业健全内部控制体系，又能增强企业财务报告的可靠性。

## 三、内部控制自我评价报告

按照基本规范规定，自2009年7月1日起，我国上市公司应当对本公司内部控制的有效性进行自我评价，披露年度自我评价报告，并可聘请具有证券、期货业务资格的会计师事务所对内部控制的有效性进行审计。

**相关链接**

**关于《万科企业股份有限公司2009年内部控制自我评价报告》的专项说明**

万科企业股份有限公司董事会：

……

根据贵公司的委托，我们对贵公司董事会编制的《万科企业股份有限公司2009年内部控制自我评价报告》（以下简称“《内控自我评价报告》”）中与财务报表编制相关的内容控制评估内容发表以下专项说明：我们阅读了由贵公司董事会编写的《内控自我评价报告》。根据我们的工作，我们未发现，在所有重大方面，贵公司董事会编写的《内控自我评价报告》中与财务报表编制相关的内部控制评估内容与我们对贵公司上述财务报表的审计存在不一致。

本报告仅供贵公司编制2009年年度报告之目的使用。未经本所书面同意，不得用于其他任何目的。

毕马威华振会计师事务所　　　　中国注册会计师

中国北京　　　　李婉薇　李嘉琪

2010年2月26日

### 附件《万科企业股份有限公司2009年内部控制自我评价报告》

### 董事会声明

本公司全体董事、监事及高级管理人员承诺内部控制自我评价报告不存在任何虚假、误导性陈述或重大遗漏，并保证所披露信息的真实、准确与完整。

一、综述

在董事会、管理层及全体员工的共同努力下，本公司已经建立起一套比较完整且运行有效的内部控制体系，从公司治理层面到各业务流程层面均建立了系统的内部控制制度及必要的内部监督机制，为本公司经营管理的合法合规、资产安全、财务报告及相关信息的真实完整提供了合理保障。

2009年度，本公司参照财政部等五部委联合发布的《企业内部控制基本规范》及深交所《上市公司内部控制指引》等相关规定，坚持以风险导向为原则，对公司的内控体系进行持续的改进及优化，以适应不断变化的外部环境及内部管理的要求。

本年度，公司建立了覆盖总部、各控股公司及各业务部门的三级自我评估体系，组织总部及各控股公司对内控设计及执行情况进行了系统的自我评价。并通过风险检查、内部审计等对公司内部控制的设计及运行的总体情况进行了独立评价，具体评价结果阐述如下。

二、内部环境

1. 治理结构

……

2. 机构设置及权责分配

……

3. 内部审计

……

4. 人力资源政策

……

## 本章小结

本章首先介绍注册会计师审计的概念及作用、审计报告、独立性要求和注册会计师的法律责任，然后阐述了内部控制国际发展历程（五个阶段）、我国内部控制发展最新动态。

通过本章的学习，我们应当建立这样的理念：内部控制从企业内部保证会计信息的可靠性，注册会计师的独立审计则从外部保证会计信息的可信度。

## 关键词

| | | | |
|---|---|---|---|
| 注册会计师 | 会计师事务所 | 注册会计师审计 | 财务报表审计 |
| 注册会计师职业道德 | 独立性 | 内部控制 | 内部牵制 |
| 萨班斯——奥克斯利法案 | COSO 委员会 | 控制环境 | 风险评估 |

## 课堂讨论题

1. 如何理解注册会计师与会计信息质量之间的关系？
2. 如何理解内部控制与会计信息质量之间的关系？
3. 如何理解 COSO 内部控制整体框架的五要素之间的联系？
4. 内部控制与注册会计师审计之间有什么关系？

## 案例练习 1

### 中海丑闻再暴央企危机管理软肋

2008 年 4 月 14 日，中国海运（集团）总公司（下简称“中海集团”）爆出一桩中国航运界罕见的财务丑闻：中海集团驻韩国釜山公司的巨额运费收入及部分投资款，在春节前后查出被公司内部人非法截留转移。目前已确认的抽逃资金总金额大约 4 000 万美元（约合人民币 3 亿元），主要涉案人员中海集团韩国控股的财务部负责人兼审计李克江在逃。

这已是中海集团近年来发生的第二桩“资金门”事件。2006 年 6 月起，中海集团就曾将所获得的银行短期贷款近 25 亿人民币违规进行股票投资，在 2007 年被查出后，受到中国银监会通报批评，国务院国资委也在当年对公司予以降分处理的通报。

据中海集团不愿意透露姓名的知情人士称，相关事件在年前就已经“有所耳闻”，“但真正立案到集团层面全面介入自查是在春节前后开始的”。

“起码在我的从业经验中，几乎没有听说过此类事件的发生。”一位做日韩航线多年的资深业务人员向记者表示，“航运企业的现金流本来出入就大，但能够分一百多次把款项转移出去，而且金额也不小，这在业内还是很罕见的，可见应该是内部人蓄谋已久的。”

多位业内人士猜测，此类事件的发生应该是中海集团在对海外公司资金结算的体制上存在风险控制不足的问题。中海集团所有驻海外的财务体制是：控股公司掌控下属企业的全部财务和资金结算。

驻芝加哥的某货代公司财务经理孙女士称，从财务上来说，运费是航运公司的主营收入，而一般像中海这样的大集团在海外的分公司如果是全资子公司，通常都采取独立核算制度，只需要报年账或者大账，不需要报明细账，有些公司甚至连现金流都不用向总部汇报，“如果没有涉及到上市公司，一般也不会有总部对海外分公司进行定期审计，这就导致了海外公司存在做假账的可能性。”这位财务经理表示，做假账的手段有很多种，比如虚报费用、发票开大、和供应商内外勾结，这些都有可能使利润做低，如果缺乏一个比较定期的审计或者财务监管制度，一般总公司总是到审核年终报表时才会发现问题。

（资料来源：新浪财经）

要求：

1. 你认为是什么原因造成中海集团财务丑闻的发生？

2. 中国大型央企在如何监管海外分公司的财务安全上与国际大公司相比，仍然缺乏经验，请你对此提出相应的建议。

3. 从本案例可以得出哪些有益启示？

**案例练习 2**

## 法国兴业银行破产案

法国兴业银行（以下简称“法兴很行”）创建于1864年5月，是有着近150年历史的老牌欧洲银行和世界上最大的银行集团之一，分别在巴黎、东京、纽约的证券市场挂牌上市，拥有雇员55 000名、国内网点2 600个、世界上多达80个国家的分支机构500家，以及500万私人和企业客户。法兴银行提供从传统商业银行到投资银行的全面、专业的金融服务，建立起世界上最大衍生交易市场领导者的地位，也一度被认为是世界上风险控制最出色的银行之一。但2008年1月，法兴银行因期货交易员杰罗姆·凯维埃尔（Jerome Kerviel）在未经授权情况下大量购买欧洲股指期货，形成49亿欧元（约71亿美元）的巨额亏空，创下世界银行业迄今为止因员工违规操作而蒙受的单笔最大金额损失。这桩惊天欺诈案还触发了法国乃至整个欧洲的金融震荡，并波及全球股市暴跌，无论从性质还是规模来说，都堪称史上最大的金融悲剧。

法兴银行作为一家“百年老店”，享有丰富的金融风险管理经验，监控系统发达，工作权限级别森严。凯维埃尔2000年进入法兴银行，在监管交易的中台部门工作5年，负责信贷分析、审批、风险管理、计算交易盈亏，积累了关于控制流程的丰富经验。2005年调入前台，供职于全球股权衍生品方案部。有着“电脑天才”名号的凯维埃尔进行了一系列精心策划的虚拟交易，采用真买假卖的手法，把短线交易做成了长线交易。纵观杰罗姆·凯维埃尔的作案手法，可以概括为侵入数据信息系统、滥用信用、伪造及使用虚假文书等多种欺诈手段联合实施的立体作案。为了确保虚假的操作不被及时发现，凯维埃尔利用多年来处理和控制市场交易的经验，连续地屏蔽了法兴银行对交易操作的性质进行的检验、监控，其中包括是否真实存在这些交易的监控。此外，凯维埃尔还盗用他人电脑账号，编造来自法兴银行内部和交易对手的虚假邮件，对交易进行授权、确认或者发出具体指令，以掩盖其越权、违规行为。

健全、有效的内部控制对欺诈、舞弊和非法行为，具有“防止”、“发现”和“纠正”三大功能。法兴银行的内部控制之所以不能防止令人触目惊心的交易欺诈发生，首先源于设计上的严重缺陷。在技术发展迅速、交易系统日益复杂的趋势下，只依据过往的经验来拟定风险控制方法，不能适时地、前瞻性地展现出环境适应性和契合性，是法兴银行难以有效地觉察出欺诈行为的重要原因。法兴银行的内部控制系统在对交易员盘面资金的监督、资金流动的跟踪、后台与前台完全隔离规则的遵守、信息系统的安全及密码保护等多个环节存在漏洞。法兴银行关注的是欧洲交易所提供的汇总后的数据，而没有细分到每一个交易员的交易头寸数据。此外，它把监控点放在交易员的净头寸和特定时间段的交易风险上，并没有对套利“单边”交易的总头寸进行限制，忽视了全部交易的总规模。而让长期浸淫于风险控制体系的员工直接参与交易，更是违背了最基本的不相容职务分离原则。如今的金融交易和监管系统已完全实现电子化，信息技术和系统开发人员理应对内部控制的设计缺陷承担责任。要确保那些被交易员设计出来的规避监控的技术不再能够被运用，就必须以欺诈技术（防范）专家的思维，设计严密的监控程序。

法兴银行的交易欺诈案，表面上是因为内部控制系统的功能“残疾”（不能“防止”，虽能“发现”，但迟迟不能“纠正”），但深层次的原因则是内部控制的根基不牢，控制环境不佳。从2005年开始违规交易、一度账面盈利达14亿欧元的凯维埃尔说：“我不相信我的上级主管没有意识到我的交易金额，小额资金不可能取得那么大利润。当我盈利时，我的上级装作没看见我使用的手段和交易金额。在我看来，任何正确开展的检查都能发现那些违规交易行为。”管理层的利欲熏心、风险管理意识淡化，由此可见一斑，这也是法兴银行内部控制功能落空的根本原因。

（资料来源：网易财经）

要求：

1. 你认为“百年老店”法国兴业银行的倒下与COSO内部控制整体框架的哪些要素密切相关？

2. 谈谈内部控制如何才能“防止”、“发现”和“纠正”这些欺诈、舞弊和非法行为。

3. 从本案例可以得出哪些有益启示？

**案例练习3**

**国家自然科学基金委小出纳贪污挪用公款2亿多元**

2004年，国家自然科学基金委员会的财务人员卞中被查出贪污1 200余万元，挪用2亿多元公款，据检察机关查实，在过去的8年间，犯罪嫌疑人卞中在担任基金委财务局经费管理处出纳期间，利用掌管国家基础科学研究的专项资金下拨权，采用谎称支票作废、偷盖印鉴、削减拨款金额、伪造银行进账单和信汇凭证、编造银行对账单等手段贪污、挪用公款人民币2亿余元。

基金委财务制度管理不规范和基金审批与监管环节中的漏洞，给了卞中可乘之机。

按规定，主管部门应对财务部门及其工作人员实行有效管理与监督。遗憾的是，办案组在侦查中发现，该委会计部门账务极其混乱，卞中担任出纳期间，主管部门没有很好地查过财务账，而且主管部门的财务做账也不严格，让卞中钻了空子。另外，卞中是个出纳，管着资金的收付，但同时单位里所有的银行单据和银行对账单也都由他一手经办，因为从工作方便角度出发，由于出纳经常跑银行，顺理成章地领取银行对账单、编制余额调节表。但就是这种习惯做法存在巨大风险隐患，使得他得以作案长达8年都没有引起过怀疑。那后来是怎么发现的？有一天，卞中生病，财务处新来的一名大学生到银行帮他代拿对账单，以往这一工作由卞中负责，这样冰山一角才浮现出来。

（资料来源：网易新闻）

要求：讨论为什么一名新来的大学生就可以发现这项舞弊？由出纳来负责领取银行对账单、编制银行存款余额调节表会造成什么不良的后果？为什么？

# 参 考 文 献


[1] 财政部．企业会计准则．北京：经济科学出版社，2006.

[2] 财政部．企业会计准则应用指南．北京：中国财政经济出版社，2006.

[3] 刘峰，潘琰，林斌．会计学基础（第三版）．北京：高等教育出版社，2009.

[4] 杜兴强．会计学．辽宁：东北财经大学出版社，2008.

[5] 宋娟．财务报表分析从入门到精通．北京：机械工业出版社，2009.

[6] 夏东林．解读财务报表．北京：中国人民大学出版社，2009.

[7] 达雷尔．穆利斯著．黄屹译．听故事学会计．北京：机械工业出版社，2009.

[8] 徐光华，柳世平，刘义鹃．财务报表解读与分析．北京：清华大学出版社，北京交通大学出版社，2009.

[9] 鲁桂华．看懂财务报表．北京：机械工业出版社，2010.

[10] 黄士刚．图解会计学．台湾：易博士文化出版社，2007.

[11] 池国华．内部控制专题学术报告．青岛：中央电大会计学教研会议，2010.

[12] 财政部注册会计师考试委员会办公室．审计．北京：中国财政经济出版社，2010.

[13] 财政部．企业内部控制基本规范．2008.

[14] 财政部．企业内部控制配套指引．2010.